化感寺

周仲民　著

陕西新华出版
陕西旅游出版社

图书在版编目（CIP）数据

化感寺 / 周仲民著. — 西安 : 陕西旅游出版社,
2017.3（2024.1重印）
ISBN 978-7-5418-3330-4

Ⅰ. ①化… Ⅱ. ①周… Ⅲ. ①佛教－寺庙－介绍－蓝田县 Ⅳ. ①B947.241.4

中国版本图书馆 CIP 数据核字(2016)第 066984 号

化感寺　　周仲民 著

责任编辑：邓云贤
出版发行：陕西旅游出版社（西安市唐兴路 6 号　邮编：710075）
电　　话：029-85252285
经　　销：全国新华书店
印　　刷：盛大（天津）印刷有限公司
开　　本：610mm×870mm　1/16
印　　张：12.5
字　　数：144 千字
版　　次：2017 年 3 月　第 1 版
印　　次：2024 年 1 月　第 2 次印刷
书　　号：ISBN 978-7-5418-3330-4
定　　价：58.00 元

序 言

蓝水幽谷，古道斜阳，曾云："秦皇驱车，汉祖驰马。"六朝佛兴，隋唐梵华，莫不寺院崇立，塔影比连。此即史称之蓝谷，一处佛国圣地。传说迦叶在此留迹涅槃，志公和尚在此分身挂锡，而净土宗于此创宗立业，禅宗来此开山发祥，此地可谓盛极当时，名动京畿。

谷之北口为净土宗寺院悟真，南端是禅宗寺院化感。化感寺乃禅门北宗终南山独大，诗画名家王维倾心所归，大历才子钱起在此斋读礼佛，香火续延近五百载。然自唐武宗会昌灭佛，古道改路十二箏坡，化感寺毁，遂湮没千年。后史不记，方志无载，寺失所在，不知何处。又有好事学人自作聪明，竟将寺名改为感化，右丞赋诗亦遭讹改。今之学者，人云亦云，便道感化寺在辋川。

笔者曾组织旅游视察活动，有缘佛教文化。幸喜退居二线，撰编《悟真寺》一书，详述善导大师创宗立业行迹。其间，考得化感寺位居蓝谷史实，即收集有关资料，为之论辨，追踪始末。后受冯广民先生之托，披阅佛家典籍，寻访虎溪上下，相携故友高朋，足迹遍及山豁梁脊。如此三年，翻陈履新，游意文海，完就《化感寺》书一册。

书分七章。一曰寺之谜，辨寺解名，确其位置；二曰寺之依，言寺所临，古道陈迹；三曰寺之史，述寺历史，由来沿革；四曰寺之禅，云寺所宗，流派渊源；五曰寺之僧，列僧行状，明叙法传；六曰寺之诗，解读寺诗，欣赏古韵；七曰寺之游，观寺览胜，一睹芳华。

书中，笔者对寺院来历、弘法高僧及禅宗门派考察，均有新探或独判见解，于传统说法略有差别。不妥之处，欢迎广大读者不吝指正。

目录

第四章　寺之禅

第五章　寺之僧

第一章 寺 之 谜

化感寺是隋唐时期著名的禅宗寺院，然在历史上却湮没千年之久，知道它存在的人极少，更不知它隐匿何处。一些从事专门研究的学者也是众说纷纭，莫衷一是，由此竟成一个令人困惑的谜团。

方志唐书说

蓝田记载寺观最为详尽的县志是清嘉庆县志，但其对化感寺的记载只是以编者按语附后提及，记曰：“按县境尚有感化寺见旧唐书，感配寺见右丞集……皆不知创始何朝落成何日也。”以图文并茂著称的清光绪县志对寺观的记载未有新意，关于化感寺的记述循于此说。民国时期的县志把化感寺归入古寺观类，附在后面，记为：“感配寺在辋川内见王右丞文集，翠微寺在白鸦谷见杜诗注，感化寺见旧唐书。”这些地方志书均不能标明化感寺的所在，又将化感寺

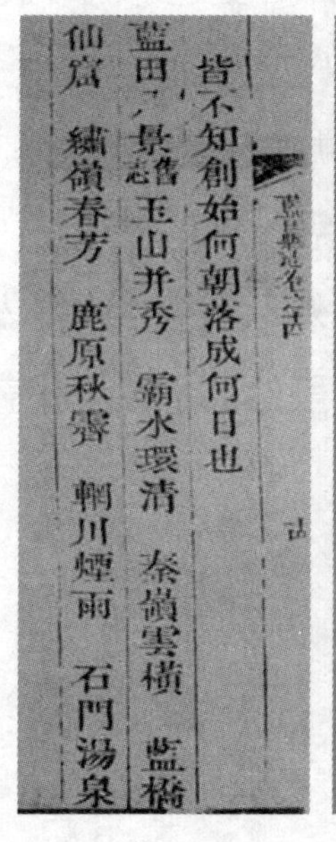

月庵在縣東南二十里王順山坡
按縣境尚有感化寺見舊唐書感配寺見右丞集翠微
寺在白鴉谷見杜詩注王效寺九空仙寺見法苑珠林
皆不知創始何朝落成何日也

藍田八景舊志　玉山并秀　霸水環清　秦嶺雲横　藍橋
仙窟　繡嶺春芳　鹿原秋霽　輞川煙雨　石門湯泉

清嘉庆《蓝田县志》书影

记为感化寺、感配寺，显然是缺乏深入考究和认真校核。

唐朝有关化感寺的记载在《旧唐书》与《全唐文》中。《旧唐书》卷一百九十一、列传第一百四十一中，传云：“义福姓姜氏，潞州铜鞮人。初止蓝田化感寺，处方丈之室，凡二十余年，未尝出宇之外。后隶京城慈恩寺。开元十一年，从驾往东都，途经蒲、虢二州，刺史及官吏士女，皆赍幡花迎之，所在途路充塞。以二十年卒，有制赐号‘大智禅师’。葬于伊阙之北，送葬者数万人。中书侍郎严挺之为制碑文。”《全唐文》二百八十卷存严挺之《大唐故大智禅师碑铭并序》碑文，记有：“神龙岁，自嵩山岳寺为群公所请，邀至京师，游于终南化感寺。栖置法堂，滨际林水，外示离俗，内得安神，宴居寥廓廿年所。”《旧唐书》与《全唐文》虽然都记载了化感寺在蓝田的史实，但是却不能指明化感寺的位置。

《大唐故大智禅师碑铭并序》碑文

讹为感化寺

化感寺讹为感化寺完全是后人曲解佛家“化而感之”的含意，错误地改成人们所熟知的“感化”而已，这种改动不仅包括王维的《游化感寺》《过化感寺昙兴上人山院》，而且还有白居易的《化感寺见元九、刘三十二题名处》。更有甚者，王维的《山中与裴秀才迪书》将“化感寺”误改为“感配寺”，但“化感”一词仍被保留在元稹的《山竹枝》的自注中，注云：“自化感寺携来，至清源，投之辋川耳。”

这个讹误可能出现在北宋末期。宋崇宁二年（1103），受徽宗之诏而为书学博士的北宋书法家米芾，书有王维《游化感寺》，如今在《古今碑帖集成》中尚存墨迹。

错改寺名的文人学匠当初也许没有想到他们的影响竟如此深远，清代的《全唐诗》《王右丞集笺注》，民国的《全唐诗》，乃至今天的《全唐诗》《全唐诗选注》《王维诗集》《王维集校注》等书籍，均一错再错，甚至连大学的一些教材亦不例外。其实唐代诗作传承至北宋初期，化感寺寺名并无差错，宋太宗匡义敕令编纂的《文苑英华》仍集录为化感寺。《文苑英华》是由李昉、宋白、徐铉、杨徽之等人纂修的一部大型诗文总集，为北宋四大类书之一。全书 1000 卷，收录上起南梁下至五代的 2200 人近 20000 篇作品，可谓卷帙浩繁。其中，唐人作品约占十分之九，资料主要来源于皇家藏书。它的可信度无疑高过其他书籍。

《文苑英华》的编纂自宋太宗太平兴国七年（982）九月起，至宋太宗雍熙三年（986）十二月完成。与《文苑英华》同年奉敕开始编纂的《宋高僧传》，成书于宋太宗端拱元年（988）十月，纂修者是汴京天寿寺通彗大师赐紫僧赞宁。《宋高僧传》共30卷，集录唐太宗贞观年中至宋太宗端拱元年，凡343年的高僧传记，共正传531人，附见125人。两书集成于同一时间，书中有关化感寺的载录一样无二，与《旧唐书》《全唐文》和唐道宣《续高僧传》的记载完全一致。由此不难得知化感寺讹传为感化寺、感配寺确是无可非议的史实。

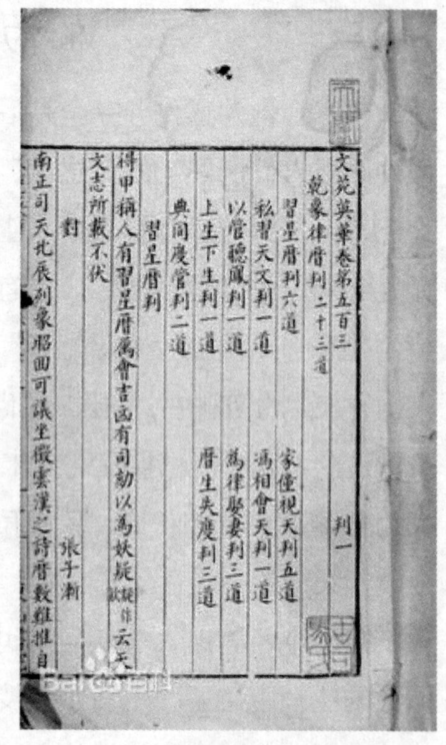
文苑英華卷第五百三　判一
乾象律曆判二十三道
習星曆判六道　家僮視天判五道
私習天文判一道　馮相會天判一道
以管聽風判一道　為律娶妻判三道
上生下生判一道　曆生失度判三道
典同度管判二道
習星曆判
得甲稱人有習星曆為會書函有司劾以為妖疑作云天
文志所載不伏
對　張子漸
南正司天北辰列象昭回可議坐微雲漢之詩曆數難推自

《文苑英华》书影

寺在蓝谷旁

王维画像

化感寺在蓝田已由《旧唐书》《全唐文》给出了答案，但在蓝田什么地方始终未得到真正地解决。《旧唐书》的《义福传》没有说明，《全唐文》的《大唐故大智禅师碑铭并序》亦未提及，《宋高僧传》的《义福传》也无记载。

中国王维研究会自 1991 年 4 月成立起，至今已走过 20 多年时间，举办了 5 次国际学术研讨会，出版了 5 辑《王维研究》。会上曾经探讨过化感寺的地理方位问题，最后以意见不一无果而终。不少学者认为化感寺在辋川内，上海复旦大学著名教授陈允吉先生亦在《王维“终南别业”即“辋川别业”考——兼与陈贻焮等同志商榷》一文中，言说化感寺就在辋川别业的近处。

10 年前笔者于陕西省图书馆查阅佛家典籍与僧传时，在唐道宣撰写的《续高僧传》中先后发现，卷十五《灵润传》有：“大业初岁……遂脱略人事，厌俗归闲。遂往南山之北，西极沣户，东渐玉山，依寒林头陀为业。”又有：“会隋氏乱伦，道光难缉，乃隐潜于蓝田之化感寺。”由此辨析，灵润到过玉山，其隐居的化感寺应在玉山附近。卷二十《志超传》又有：“时蓝田山化感寺沙门灵润、智信、智光等，义解钩玄，妙崇心学，同气相求，宛然若旧。遂延住彼山，栖志得矣。”

蓝田山多指玉山、王顺山，亦指玉润山和俗称芦山的虎侯山，均在蓝水两侧。最终的发现是在卷十三《道岳传》中，明白无误的文字写着：“武德初年，从业蓝谷化感寺。”蓝谷就是蓝水河湾口至蓝桥窄坡关下的一段河谷，两岸峭崖对峙，山回水转，实有“山高水长，云透飞瀑”的万千气象。

得到化感寺在蓝谷的确凿证据，问题就变得简单起来。先看王维《过化感寺昙兴上人山院》一诗，从“暮持筇竹杖，相待虎谿头”句，可知化感寺附近有两山夹一涧的虎磎头。再依白居易《化感寺见元九刘三十二题名处》查阅元稹、刘敦质诗，找到元稹《山竹枝》一诗，诗中“深院虎溪竹，远公身自栽。多惭折君节，扶我出山来”，则完全表明化感寺就在虎溪旁。虎溪位于虎侯山北麓，源头在今天的寺坡旁边，流经寺坡之下，寺坡当是化感寺的所在了。

寺坡的殿宇遗址和庙堂的残存文物也证实了这一推断，南北两院的殿堂布局与绿釉琉璃筒瓦、莲花纹瓦当的碎片，为古寺的存在提供了最为有力的旁证。一个困扰人们数百年的谜底就这样逐步揭开，这一发现填补了终南山佛教研究的一项空白。

第二章　寺 之 依

寺得古道之利，坐拥虎侯之封，占尽山水妙趣，物华天宝。

高居临古道

化感寺位于蓝田县城东南的峣岭山腹，地处西安莲花山森林公园之内。从西安城东立交上西蓝高速，经312国道至化感寺只有40千米。312国道从蓝谷通过，在靠近西安莲花山森林公园处设有停车场和饭店，交通十分便捷。

蓝谷

蓝谷自古乃兵家要道。始于商末周初、凿在春秋战国的蓝谷古道，即穿行蓝水峡谷，为秦时修建的“东南向驰道”。这条古道由蓝田东南出武关，是关中“东入吴楚，南下粤海”的捷径。秦始皇五次出巡，有两次行经此处。

就在这条古道上，公元前 312 年楚怀王悉举国内兵马袭击秦国，结果大败于蓝田；公元前 207 年汉高祖刘邦引军绕峣关，逾蒉山，大破秦军，攻陷咸阳；公元前 154 年汉太尉周亚夫率军走蓝田，过武关，出奇制胜，迅速平定“吴楚七王之乱”。此后，公元 354 年东晋桓温北伐苻健，公元 416 年刘裕北伐姚泓，均走此道进入关中。

张籍画像

隋唐时期古道开始设立官家驿所，蓝田境内建有故京、青泥、蓝桥等官商驿站，并派驿官和兵丁管护。蓝谷的南端有石门戍所和驿馆，古时的蓝关（亦即峣关）就设在这里。今天的考古已经证实，这里有古栈道和古栈桥，曾是早期的蓝桥驿驻地。唐代诗人张籍以水部员外郎奉使南行，取道蓝谷古栈道，留下《使行望悟真寺》一诗。诗曰：“采玉峰连佛寺幽，高高斜对驿门楼。无端来去骑官马，寸步教身不得游。”

蓝谷栈道规模宏大，1986 年《考古与文物》杂志登载过一篇关于蓝谷古栈道的考察文章。其考察结果发现，在河口至甘塘一带的蓝水西岸，约 3.5 千米长的崖壁上有遗迹 10 处，计壁孔 55 个、底孔 226 个。经过测算，栈道宽度达 3 米以上，足以并行两辆马车。

唐贞元初，商州刺史李西华奉敕新开蓝关的七盘岭、十二筝坡险道，谓为偏路，以解蓝谷栈道水患之忧，此即今称之蓝关古道。诗人张籍再次出使，由于蓝谷栈道被水冲毁而走偏路，在《使至蓝溪驿，寄太常王丞》诗中感慨地写下："独上七盘去，峰峦转转稠。云中迷象鼻，雨里下筝头。水没荒桥路，鸦啼古驿楼。君今在城阙，肯见此中愁。"然蓝谷栈道并未就此断绝，以后虽有复修，但终因水患频繁便逐渐被蓝关古道这一偏路取代。不过，这已是唐元和以后的事情。

化感寺居虎侯山腰，下临蓝谷古道，有王维的《游化感寺》诗为证。诗中佳句"郢路云端迥，秦川雨外晴"，即生动地记载了这一史实。"郢"指春秋战国时楚之都城，"郢路"即是通往楚国的蓝谷古道。佛教历史上著名的蓝谷全因古道而有其大成，如果说古道是沟通西北与东南两大地域之间佛教交流的重要通道，那么像化感寺这样镶嵌在蓝谷的一颗璀璨的明珠，就是六朝以来佛国圣地的杰出造化了。

曲限依虎侯

商鞅画像

虎侯山今称芦山，是峣岭群山中最高的山峰，海拔 1611.9 米。山南是蓝关古道，东边是蓝水峡谷，古蓝关就在蓝关古道与蓝谷栈道的交汇点上。山名的来历与老虎出没的虎溪似无多大关系，却同中国历史上著名的改革家商鞅连在了一起。

商鞅，姬姓，是春秋战国时期卫国君主后裔，又称卫鞅、公孙鞅，因获封商於十五邑，故称商鞅。商鞅年轻时好爱以申不害为代表的“刑名之学”，受法家李悝、吴起等人影响，专研以法治国，并习兵家、杂家之说。学业有成后商鞅赴魏国，拜在国相公叔痤门下，任中庶子，为侍从之臣。公叔痤临死前提议魏惠王任商鞅为相，不然就杀死他，莫让其离开魏国，但魏惠王以为公叔痤所说是临死前的昏愦之言，并未采纳。

公元前 361 年秦献公崩，孝公继位。年仅 21 岁的秦孝公雄心勃勃，以恢复秦穆公霸业为己任，发布求贤令，愿与“出奇计强秦者”分享土地，且许以高官厚禄。商鞅在公叔痤死后，闻听秦孝公招贤，遂携带李悝所著的《法经》西入秦国。在秦国商鞅通过孝公宠臣景监的引荐得以拜见孝公，先以帝道、王道试探孝公根底，再以霸道说服孝公变法图强。

秦孝公三年（前 359），商鞅在秦国颁布了《垦草令》，变法拉开了序幕。经三年成功实施，至孝公六年（前 356），孝公任商鞅为左庶长（除贵族以外的最高长官），开始第一次变法。商鞅在变法前，先“徙木立信”取信于民，以使有令必行，之后才推出新法令。法令的内容包括，颁布秦律，规范行止；改革户籍，实施连坐；重奖军功，禁止私斗；重农抑商，鼓励耕织。令行一年，太子犯法，因是君嗣，不可施刑，便“刑其傅公子虔，黥其师公孙贾”。孝公十二年（前 350），商鞅又进行了第二次变法。废井田，开阡陌；建立县制，集权中央；行分户令，征人头税；统一度量衡。

商鞅变法——“废井田，开阡陌”石刻

《史记·商君列传》记载：“行之十年，秦民大说，道不拾遗，山无盗贼，家给人足，民勇于公战，怯于私斗，乡邑大治。”秦国从此一跃成为战国列强中的头号强国，无论在政治、经济还是军事方面均已超过东方六国。

随着富国强兵策略的施行，秦孝公的雄图霸业逐步展现。孝公八年（前 354）商鞅率军偷袭魏国，攻占元里（今陕西省渭南市澄城县南）、少梁（今陕西省韩城市西南）。孝公十年（前352），孝公任命商鞅为大良造，统兵长驱直入，占领魏国旧都安邑（今山西省运城市夏县西北），次年又夺上郡要地固阳（今陕西省延安市东）。孝公十九年（前343），周显王为孝公赐号秦伯，次年各国诸侯来贺，自此确立了秦国的霸主地位。孝公二十一年（前341），秦联合齐赵两国攻打魏国，商鞅领军，他以故交为名使诈术诓魏将公子卬前来订立盟约，暗伏甲士将公子卬擒获，遂大破魏军，迫使魏惠王割让黄河以西土地求和。

商鞅辅佐孝公21年，变法改革，民富国强，拓地千里，功如丘山。孝公嘉奖商鞅的战功，封他为列侯，取商（今陕西省商洛市商州区）、於（今河南省南阳市西峡县）等15邑为商鞅的食邑，并在秦峣关旁边的峣岭主峰之下封山立祠，表彰商鞅的功德。所封山名曰虎侯山，祠名虎侯山祠。如《汉书》第二十八卷上这样记述："蓝田，山出美玉，有虎侯山祠，秦孝公置也。"

中国历史上的改革家多有不能善终的结局，商鞅这位先秦政治家、思想家、改革家更是结局悲惨。公元前338年，秦孝公病卒，太子即位。公子虔等人诬告商鞅谋反，"商鞅出走"，后被杀死。秦惠文王在商鞅死后下令在咸阳车裂其尸体，并诛灭其族人。

商鞅的故事虽以悲惨的结局告终，不过令人的感怀远未结束。清末先哲梁启超誉商鞅为与管仲、诸葛亮、李德裕、王安石、张居正同列的中国六大政治家。伟人毛泽东称商鞅是"中国历史上第一个真正彻底的改革家，他的改革不仅限于当时，更影响了中国数千年。"商鞅封邑所在的商州区于2009年《大秦帝国》（第一部）电视剧热播之际，修建了高达9米的商鞅雕像和占地80亩的商鞅广场，已成为这座城市的地标。

商州区商鞅广场一角

尽管历代史学家对商鞅多有责贬，如人性刻薄、滥用酷刑、败坏礼仪伦理等，但是虎侯山祠在“罢黜百家，独尊儒术”的汉代依然得以保留，虎侯山在商鞅逝世680年后仍在《晋书地道记》存有记载。明清以来的方志虽已失载虎侯山和虎侯山祠的位置，然从秦孝公封山置祠的寓意和《汉书》所记的虎侯山祠的内容分析，虎侯山肯定在进入商於的蓝关道上，不会为与玉山相邻的东汉道人王顺羽化登仙的王顺山，自然是秦峣旁的峣岭主峰，今天俗称之芦山。秦峣关以峣岭得名，在今天的蓝谷南口，虎侯山祠应当在化感寺所处的寺坡。

虎侯山峰峦曲回，从南北西三面环绕寺坡，神秘而古老的寺院就藏在青嶂合抱的山腹之中。山因虎侯得名，寺依虎侯称圣。化感寺正是这样，借名山之名，成就梵林之盛。

冰川遗妙奇

大自然的构造运动和冰川活动，在蓝谷一带造就了诸多奇迹。

地质演变的历史表明，新生代时期喜马拉雅运动强烈影响我国西部。在第三纪末至第四纪初，秦岭山地上升400~500米，造成流水的强烈侵蚀。纵深下切的峡谷、跌水迭生的瀑布，连同断裂崩塌的危崖生成了“峡流奔马，壁悬石虎”“云吐碧泉，涧起飞虹”的蓝谷奇观。

伴随秦岭山地的构造上升，气候由第三纪的炎热转入第四纪的寒冷，更新世则是地质史上的第四个大冰期。第四纪冰川在秦岭山地留下大量的侵蚀痕迹，如鱼脊状的秃岭，垂弧形的石幔，串珠样的盆地，高山上的天河，以及千奇百怪的石锥、石凹、水洼，更为蓝谷增添了独有的迷人色彩。

山水之妙在于古冰川出神入化的独特作用。巨大的冰川侵蚀在虎侯山腹不到5平方千米的范围，拓展出北西向连珠状分布的两块谷间盆地。位于西北的那块盆地，周围山林茂密，有发源西北向的虎溪北支溪水流经，中有大片的芦苇湿地与水洼碧池。丛生的芦苇和清澄的水洼无疑是冰川造就谷间盆地的厚赠。东南的这块地势稍低，开阔平缓，方圆里余，经久不息的水流又在它西南至西北向切割出大小不等的山豁。化感寺所在的寺坡恰在盆地中部，用周易学家的话说，这里是难得的

象鼻山崖

风水宝地。

寺坡海拔1210米，高出蓝谷近400米，低于芦山401米。虎溪从芦山半腰发源，流过寺坡脚下，在豁谷口以下形成逐级跌落的四级瀑布。虎篌头是豁谷溪水交汇的地方，一级瀑布落差约60米，雨水富集的夏秋时节宽度可达4米。其势如蛟龙出洞，漫岩飞泻，景象十分壮观。二级瀑布与一级瀑布相邻，落差近40米，面宽2米，下有泓澄碧水。

大龙潭

三级瀑布在虎溪下游，距国道500多米，瀑布落差30余米，面宽2米，上有面积达100多平方米的深潭。四级瀑布与三级瀑布相近，落差亦达60米，面宽3~4米，飞流下跌形成的碧潭面积约30平方米。深涧之中的岩体多呈垂弧形状，有着整齐平滑的外表。两侧岩崖上的石梁时见秃头样自然雕饰，如虎，如猴，如龟，如翁，神形惟妙惟肖，不用说那定是冰川留给人们的杰作。

神奇的山寺坐北面南，背负一道佳木葱茏的山丘。这道山丘盘曲伸延，与西来山岭一起怀抱着寺院，人传是条青龙在此卧伏，故将此山丘被称为青龙岭。山丘之下，清泉涌流，水洼点布，野花丛生，芦草连片，不乏龙居气象。过去，每临天旱少雨，乡人常来这里祭拜，祈求青龙显灵降水保佑一方衣食。诗人王维在《游化感寺》一诗中写道："龙宫连栋宇，虎穴傍檐楹"，足以证明青龙护寺传言的存在。

物华称天宝

化感寺地处暖温带，属半湿润大陆性季风气候，年均气温约10.2℃，降水量约880毫米。良好的光热条件和相对充沛的雨量，为这里翠欲染眸的植被注入了勃勃生机，风积生成的连片沃土更让这里成为多姿多彩的植物乐园。

说起风积生成的沃土，还应当感谢冰川侵蚀的独特地貌。在冰川消退的冰后期中，强烈的西北季风携来大量的黄土浮尘，因为受到虎侯山的阻隔，呈现涡流沉降，冰川侵蚀形成的山间盆地就势成为载体，从而形成大面积的丰厚积壤。

野外调查的结果证实，莲花山森林公园虽是秦岭北坡的石质山地，但广泛分布着有机质含量丰富的土壤。海拔1300米以上，为山地粗骨棕土和灰化棕土，土层较薄，一般20~30厘米；1300米以下，以褐土和淋褐土为主，分布广，面积大，土层深厚，一般山坡30~50厘米，中西部的盆地区达50厘米以上，局部地段可深及数米。今天寺坡南北的房屋建设即就地取材，以这里富集的土源为原料，烧制出高质量的青砖布瓦。砖瓦表面光滑整齐，没有形变，也无裂纹，堪称一绝。

得天独厚的沃土资源滋养了遮天蔽日的混交林海，涵养了虎溪这道清凌凌的峪水，使得生灵在此落户安家。据有关调查统计，莲花山森林公园森林覆盖率92%，植物品种达300种以上。其中，木本植物110种，草本植物199种，蕨类植物11种。乔木主要有油松、华山松、白皮松、青冈、花栎、水楸、山杨、红柳、核桃、毛栗、漆树等，灌木主要有高山栎、小叶杜鹃、六道木、胡枝子、山丁子、栒子木、绣线菊、棣海棠、黄栌等，竹类有箭竹、苦竹、青竹等，藤类有葛藤、南蛇藤、猕猴桃等，草类有海草、白茅、菊、蒿等，蕨类有蕨菜、箭蕨、卷柏等。属中药材者数十种，如黄连、黄柏、杜仲、党参、当归、生地、山药、天麻、猪苓、枸杞、山楂、银杏、连翘、关木通、白龙须、五味子、金银花等。另外，野生动物有熊、狼、山羊、青羊、羚羊、野猪、狐狸、獐子、獾、蛇、蟒、大鲵及锦鸡、杜鹃等。

值得称道的是，化感寺物产与美食丰富，受世人关注。唐道宣《续高僧传·灵润传》记载，唐武德初年天旱饥荒，惟化感寺独留宾客，“磨谷为饭，菽麦等均”，赢得“四方慕义，归者云屯”“共餐菜果，遂达有年”。这里所说的菜果就是当地特产的蕨菜、青菰、竹笋、山药、芋头和山桃、山杏、山楂一类的野果，以及核桃、毛栗、橡子一类的干果。诗人王维也在《游化感寺》一诗中如此描写化感寺一带的物产与美食：“绕篱生野蕨，空馆发山樱。香饭青菰米，嘉蔬绿笋茎。”野蕨即蕨菜，幼叶食用，根茎可作蕨粉。青菰，生长在水边浅水、沼泽地，嫩茎称茭白，籽实如米，名雕胡米，可做饭、包粽，古时以其为六谷之一。

作为虔心向佛的居士，王维的用餐亦算得上讲究。以蕨菜为例，就检测分析的结果而言，每百克蕨菜含热量 39 千卡，蛋白质 1.6 克，脂肪 0.4 克，碳水化合物 9 克，膳食纤维 1.8 克，维生素 A 0.18 毫克，胡萝卜素 1.1 毫克，维生素 C 23 毫克，维生素 E 0.78 毫克，营养价值丰富。人们看重蕨菜的药用功效，常食用蕨菜可清热解毒，杀菌消炎，通便利尿，防治痢疾、咯血、昏晕及妇女红崩诸症。

林间蕨菜

现代医药研究证明，蕨菜共含有 18 种氨基酸。以鲜蕨为例，Y-氨基丁酸含量高达到 0.235%。这种在人脑能量代谢中起重要作用的活性氨基酸，可激活脑内的葡萄糖代谢，促进乙酰胆碱合成，具有降血氨、抗惊厥、恢复脑细胞功能等作用，更是心血管病人的一大福音。

蕨菜自古有“山珍之王”嘉誉。《诗经》云：“陟坡南山，言采其蕨。”伯夷、叔齐不食周粟，采蕨薇于首阳山；商山四皓隐形蛰居，赖蕨芝以疗饥，食用蕨菜遂成为隐逸高士与众不同的文化象征。诗人王维的仰慕恰在这里，化感寺的山珍自有一种出离尘俗的高洁。

第三章 寺之史

打开历史的窗扉，拂去岁月的尘封，古寺曾有的辉煌宛然在目。

佛入中土初

释迦牟尼画像（印度）

佛教起源于古代印度，由释迦牟尼创始。释迦牟尼本是古印度北部迦毗罗卫国（今尼泊尔境内）净饭王的太子，原名乔达摩·悉达多。释迦是种族名，牟尼意指圣贤，释迦牟尼为佛教徒对大彻大悟的圣人——佛祖的尊称。

关于释迦牟尼的生卒时间有 60 多种说法，到目前为止尚无定论。

汉传佛教是依南齐僧伽跋陀罗携来并翻译的《善见律毗婆沙》上的“众圣点记”来确定佛祖生卒。何谓“众圣点记”呢？据隋代费长房所撰的《历代三宝纪》卷十一载，佛祖涅槃后优波离在当年结集律藏毕，于七月十五日以香花供养，并记下一点置律藏前。此后年年如故，师子相付，师师相传。至三藏法师（觉音，巴利语，佛教大注释家）时，携带律藏到广州，后因南返摩揭陀，将律藏交给弟子僧伽跋陀罗。僧伽跋陀罗与沙门僧猗在广州竹林寺译出《善见律毗婆沙》，遂在此安居。南齐永明七年（489）七月月半之夜，依前师法香花供养律藏，记下最后一点，共计 975 点。南梁大同元年（535）赵伯林在庐山苦行律师弘度处，得到佛涅槃后众圣点记的年月，推至南梁大同九年（543），合得 1028 年。费长房按伯林所推，从南梁大同九年计至隋开皇十七年（597），合得 1082 年。由此确定佛祖卒年在公元前 485 年，以终年 80 岁计，生于公元前 565 年，和中国的大圣人孔子（前 551—前 479）同一时代。

与北传的汉传佛教不同，南传的巴利语系佛教记佛祖生卒年为公元前 623—前 543 年，时间早了 58 年，国内通用佛历以佛祖涅槃公元前 543 年始为元年。而藏传佛教（格鲁派）则与此出入很大，所记佛祖生卒为公元前 1041—前 961 年，时间相当西周初期。也许藏传佛教的说法更合乎情理，南宋《佛祖统纪》记佛诞年为周昭王元年（前 995），元代《佛祖历代通载》记佛诞年为周昭王二十五年（前 971），《释氏稽古略》记佛诞年为周昭王九年（前 987）。汉传佛教的多数史籍皆将佛诞年记作西周的周昭王时。

佛教传入中国内地的时间亦有六种说法：一是《周书异记》所述的先秦说，即周世佛法已来说；二是《史记・秦始皇本纪》与《历代三宝纪》所述的秦朝说；三是晋宋炳《明佛论》所记的汉武帝开昆明池发现黑灰的劫烧说；四是《三国志・魏志・东夷传》注引所记的西汉元寿元年（前 2）大月氏使伊存向博士弟子景卢口授《浮屠经》说；

五是西汉末至东汉初的两汉之际说；六是汉明帝时的“感梦求法”与“白马东来”说。

道宣律师画像

在汉传佛教的史籍中，佛教传入时间多依先秦之说，唐《道宣律师感通录》记述的迦叶异闻竟与先秦之说给出的时间十分吻合。

按道宣律师言，京城之西有高四台（今长安区郭杜街道办长里村西北），传为仓颉造书台。仓颉或说是黄帝之臣，或道是古代帝王。周穆王时，文殊、目连前来度化，示意此台是迦叶第三个说法度人之处，于是周穆王在此造寺设三会道场。至秦穆公时，又令高姓四兄弟做佛像，在土台上造重阁，高约100米，遂有高四台之称。

又言，南山库谷（西安市蓝田县西南25千米处）大藏（蕴积众义曰“藏”），是迦叶亲手所造，现有十三缘觉在谷内居住。今诸处塔寺，多是古佛遗基。随后唐道世《法苑珠林》犹云，以前有人在终南山谷打柴，遇见一寺，石门石室。门内宝器重大，不可胜数，却不见僧人，其人以所带瓠芦挂于石室旁边的树上作为记识，下山召集村里人前往，却再也找不到踪迹。有人说石门扇在山崖旁，一半深入山下，非人力所能够打开。此谷名库地名天藏，预测山中之寺在弥勒下生时方现于俗世。

这就是说释迦牟尼的大弟子迦叶远在周穆王以前便来终南山一带传教，并留下大量寺塔遗迹。历史上著名的蓝谷更有与之相关的传闻。传说迦叶将佛祖衣钵传给阿难后入定鸡足山，但不久又来中土，在终南山蓝谷弘法。悟真峡口的蓝水西崖是迦叶坐化涅槃的地方，佛陀化缘使用的铁钵至少在唐元和九年（814）还以圣物保存在悟真寺内，大诗人白居易曾经目睹，并记录在《游悟真寺》的长诗之中。诗曰："云昔迦叶佛，此地坐涅槃。至今铁钵在，当底手迹穿。"

白居易的诗说和道宣律师的记述，在今天看来似乎是一种不大可能的话题，只是为佛教传入中国内地的先秦之说蒙上了一层神秘色彩。但是，在与秦始皇（前 246—前 210 年在位）同时期的古印度孔雀王朝阿育王（前 272—前 232 年在位）时代，佛教曾有第三次结集（约前 253 年），会后派大德赴各国传教，前来中土的可能并非没有。有说法在战国末期已建阿育王寺，秦始皇时有印度沙门室利房等 18 人来到咸阳，《法苑珠林》记述的 19 座佛舍利塔中有很多标示为周秦时期的阿育王塔。有趣的是今天的考古已发现舍利塔 8 处，因此全盘否定先秦之说的理由未必充分。

迦叶在蓝谷传教，坐化涅槃，虽是人们的一种传说，却造就了蓝谷为佛教圣土的地位。化感寺的出现与此不无相关。

教崇蓝谷时

佛教传入中国内地，学界公认的说法是在西汉哀帝的元寿元年（前2），时有博士弟子景卢受大月氏使伊存口授《浮屠经》。东汉明帝永平十年（67），西域大月氏国天竺沙门迦叶摩腾、竺法兰随汉使进入洛阳，白马驮来经像，则是佛教正式传入的标志。

汉魏之时，由于朝廷的嘉许，不少西域与天竺僧人来中国内地传教。蓝谷有古道直通宛洛、荆楚，道旁又有虎侯山祠，自然是往来南北梵僧的落脚之处。

到六朝时，佛教通过大量经典翻译，阐明义理，已逐步深入社会的各个层面，在朝野之间更得到了广泛传播。

短期统一的西晋仅 50 余年，但帝王多崇尚佛教，洛阳、长安两地的寺院达 180 所，僧尼 3700 余人。迦叶涅槃的蓝谷在这个时候已有了寺院，虎侯山祠处也出现了僧人修建的山舍。

西晋以后少数民族政权入主中原，在建寺、度僧、译经、造像等方面不遗余力，对佛教的崇尚达到了一个前所未有的高度。

公元 351 年氐人苻健在长安建立前秦，378 年秦主苻坚迎西域龟兹沙门佛图澄的亲传弟子道安进入长安。道安住持五重寺，汇聚僧众数千弘法，开讲千人道场，设立佛经译场。四方信士闻风归附，蓝田亦有不少僧人前往就学。

公元 385 年羌人姚苌杀死苻坚，称帝长安，史称后秦。401 年后秦文恒帝姚兴灭西凉，礼奉出身天竺望族的龟兹沙门鸠摩罗什（344—413）

为国师，传令3000僧众从鸠摩罗什受法修行，并开设了规模宏大的长安译场，由鸠摩罗什主持译经。

鸠摩罗什画像

长安译场历时12年，翻译经论74部384卷。许多经论如《摩诃般若波罗蜜经》（简称《般若经》）《妙法莲华经》（简称《法华经》）《维摩诘经》《佛说阿弥陀》《弥勒成佛经》《金刚般若波罗蜜经》（简称《金刚经》）《十诵律》《中论》《百论》《十二门论》《大智度论》《成实论》等，译文修辞达雅，意合原旨，成为天台宗、净土宗、禅宗、三论宗、华严宗等各大宗派的主要依据经典。

博通梵文汉语是鸠摩罗什与其他译经者的最大区别。在他赞颂法和的铭中，内有“心山育明德，流薰万由延。哀鸾孤桐上，清音彻九天”的文辞，从中不难看出他的汉语文学修养绝非一般。正是这一原因，他和他的僧众所译经典能以文字洗练、语句流畅、述说生动、妙义显达见长，在佛教传播方面影响深远，流行1600多年至今不衰，无愧中国佛教史上的四大译家之首。

鸠摩罗什门下出类拔萃者众多，时有“四杰”“八俊”“十哲”之称。

蓝田僧人道恒（346—417）名列“八俊”“十哲”，与僧略掌管僧众事务，致力寺院经济发展，以才能名扬译场。后秦文恒帝姚兴见道恒有经国济世之能，屡逼其弃道为官，道恒只好背负部分佛典遁归蓝田，隐居蓝谷悟真峡口的蓝水西崖，守迦叶涅槃之圣土，执铁钵而演观心空无之法，“蔬食味禅，缅迹人外”。

后秦时期的蓝谷由于长安译场的翻经、传经，遂成为当时南北佛教交流的必然通道。诸如僧人道生、慧严等入长安译场求法，庐山莲社慧远、刘遗民与鸠摩罗什及门下的书信往来，西域梵僧佛陀跋陀罗、僧伽提婆南下建康（今江苏省南京市）传教，均走便捷的蓝谷古道。蓝谷则因道恒等知名僧人的到来与弘法活动，在谷口的禅坡，悟真峡口的蓝水西崖，佛爷腰下的橡湾，虎侯山腹的寺坡，已有了星罗点布的寺院群落。

名列“四杰”之一的僧人道生（355—434），幼年随名僧竺法汰出家，公元 405 年自庐山到长安从鸠摩罗什受学，成为鸠摩罗什门下著名的涅槃论师。道生的才华表现在把般若学的性空思想与涅槃学的佛性理论结合起来，使佛学变为人人皆有佛性，只要顿悟即可成佛。这一理论意义重大，不仅代表着佛学发展的主流，从理论上奠定了净土与禅宗信仰的根基，而且在思想上圆融了佛学的出世经典，大大加快了佛教的中国化过程。

道生石像

道生在长安译场 10 载，深得鸠摩罗什所传。鸠摩罗什圆寂后，次年译场于战乱中关闭，僧人大都取道蓝谷逃向南方。道生与一些道友携带大量经籍途经蓝谷，为弘法蓝谷多年的故交道恒留驻。在这里道生与道恒披阅群经，研讨句意，开讲《般若经》与《涅槃经》等诸多经典，书写了大量的寺藏经论。

入驻蓝谷的道生人称圣僧，留下书写《涅槃经》时“飞鸽添砚”的传世奇闻。他同道恒在蓝谷各处的讲经说法极大地推动了当地佛教的蓬勃发展，使得蓝水西崖的回向寺、橡湾的竹林圣寺、虎侯山腹的化感寺初具规模，南来北往的僧人多在这里驻足留居。此即蓝谷佛教的初兴期。

公元 417 年道恒入寂，道生不久也离开蓝谷，南返东晋都城建康（今江苏省南京市）。道生有关佛性与顿悟成佛的论说在蓝谷一带影响深远，化感寺留存的道生著述及讲法实录则成为寺院能够吸引众多高僧，特别是崇尚禅门心学者入住研读的佛门瑰宝。

进入南北朝时期，崇佛礼法的社会风气愈加兴盛。公元 424 年北方拓跋氏建立的北魏政权攻占了长安，佛教的传播与交流更是广泛。北魏的帝王皆以佛教“助王政之禁律，益仁智之善性”，而致力于佛教的功德事业，在建寺、度僧、治经、造像方面几近狂热。随后的东魏、西魏、北齐、北周也亦步亦趋，奉佛崇法，空前高涨，各类寺院达 5 万多所，僧尼占到人口的 10%。

这一时期是蓝谷佛教的首度兴盛期。随着佛爷腰摩崖石窟的开凿，蓝谷已呈现出一派佛门圣土的奇姿。从谷口的山北寺、禅坡寺，蓝水西崖的回向寺，橡湾的竹林圣寺，到寺坡的化感寺，诸多的寺院群落犹如一串璀璨的明珠嵌镶在蓝谷古栈道一侧的山间群豁，成为北朝佛教在京兆长安的一大奇观。

相传南朝齐、梁异僧志公和尚曾游方蓝谷，到过化感寺，并在回向寺“分身挂锡”，以其神力度化世人。山北寺的水陆大斋由志公设立，一年一度的法会盛况非凡。

化感寺在北朝时期已是一大名寺，独特的地理位置和丛林幽境使这里汇聚了一批阅历不凡的僧人。他们依据道生的论说，以道家老庄“无为而无不为”的思想，阐解般若“不知而自知，不为而自为”的玄理，把佛家的“性空”思想融入传统的中国社会，为化感寺营造了弘传禅门心学的浓郁氛围。

北朝后期，由于置寺度僧过于浮滥，大量在册民众混迹佛门，或亦农亦僧，逃避兵役、徭役、赋税，危及皇权的存亡，最终引发了深层次的社会矛盾。北周武帝宇文邕由奉佛转为灭佛，从建德二年（573）至大定元年（581）八年“法难”，毁寺4万多所，还俗充军僧尼300余万，佛教遭受到一次毁灭性打击。

蓝谷佛教在这场“法难”中损失沉重，山北寺、禅坡寺被王公贵族占据，回向寺、竹林圣寺佛像毁坏。所幸的是化感寺山高林密，物产丰富，有一定自给条件，受到的影响并不大，相反还多了从长安逃来的僧人在此藏匿。

兴隆隋唐际

北周大定元年（581），静帝宇文阐诏告天下恢复佛教，随后将帝位禅让给外戚杨坚，从此佛教又进入一个崭新的发展时期。

隋文帝画像

隋文帝杨坚自幼在尼庵长大，由智仙尼姑抚养达 13 年之久。他受禅登基后屡下诏书，设立沙门国统，重修北周废寺，敕建寺院道场，大度僧尼，广开法席，使得蓝谷佛教重新复兴。

隋开皇十三年（593），文帝下诏“于诸州名山之下各置僧寺一所，并赐庄田”，回向寺从次年开始由名僧净业奉敕重建，更名为悟真寺。而在此前化感寺已经恢复北朝时期的盛况，神秘的丛林寺院成为隋代名僧游居之所，也是一些苦行头陀栖身之地。

隋炀帝大业初年（605），一种令人头晕目眩的风疾在长安流行，素以辩才著称的大兴善寺法师灵润也不幸受到传染。他恐自己生命旦夕不保，“遂脱略人事，厌俗归闲”，与空藏、慧琎、智光、智信等法门才俊一起离开京城，来到蓝谷化感寺依寒林头陀为业。

灵润俗姓梁，今山西省永济市人，出身乡里望族。年少时出家，从灵璨（549—618？）法师修行，入住大兴善寺。灵璨是净影寺慧远的上首弟子，故灵润实为法门领袖净影慧远的法孙。隋仁寿二年（602）春，灵润随师送舍利到怀州（今河南省）长寿寺，一路乞行，不要官府供给，德操业行受道俗崇敬。随后灵润去泰岳灵岩寺，修习《般舟三昧经》。接着前往道奘法师处参学《摄大乘论》（简称《摄论》），并依道奘法师受具足戒。灵润23岁时返回京城，以在《摄论》方面的独到见识而令僧学大众刮目相看。

空藏（569—642）俗姓王，先祖原居山西太原，后迁住临潼新丰。19岁在蓝田负（凤）儿山落发为僧，后依从判法师修行，由龙池寺敕住长安禅定寺。唐贞观初自长安会昌寺移居悟真寺从寺玉泉十二载，唐贞观十六年（642）圆寂于会昌寺。

慧琎俗姓吴，扬州江都人，隋文帝仁寿中（约603）随荣法师入京诏住禅定寺，受戒后专研律仪。唐贞观初任云花寺上座，贞观八年（634）卒，春秋五十有余。

智光，江州人（今江西省九江市一带），为九江道尼之弟子。道尼曾随侍西印度来南陈的真谛三藏译经，尤精《摄论》与《阿毗达磨俱舍论》（简称《俱舍论》）的研究讲说。隋开皇十年（590），道尼受诏进京，智光相从，入住大兴善寺。仁寿年间诏送舍利至循州（今广东省惠州市东）道场塔寺，返京后频开讲席，并以弘传《摄论》名扬京城。

智信的姓氏乡籍今已无考，从唐道宣《续高僧传·智光传》的记载辨析，智信和智光二人可能同出自九江道尼门下，当时与灵润一起住在大兴善寺。

这些才学杰出僧人的到来，的确为化感寺增添了不少光彩。丛林的清新寂静与蓝谷的佛教氛围，最终留下了智信和智光两位年轻有为、意志坚贞的佛门干才。

化感寺的兴隆是从智信担任寺主开始的。隋大业中，智信和智光对寺院的布局进行了重新规划，确立了南北两院的寺院群落格局。他们将北岭院定为大殿庭宇，南山院定为上座住地，与南山院相连的西山坳定为斋堂和僧寮居所，并着手进行全面的更新建设。建设无疑得到了灵润和他的师父灵璨的帮助。灵璨在净影寺慧远卒后，奉敕担任众主（隋代京城佛家专门研修涅槃等学派的主持人），住在净影寺弘法，晚年诏住大禅定寺，一直是名冠朝野的沙门显赫人物。灵润在当时以头陀行化，往复奔走大兴善寺与化感寺之间，为化感寺建设筹集了不少钱物。

隋大业后期，朝廷不准僧人四处游化，灵润只好止息头陀行业，住在大兴善寺西院，独处修业，弘讲涅槃等。大业十年（614），灵润受诏入鸿胪寺，教授三韩（指当时朝鲜半岛新罗、百济、高句丽三国）、倭国（今日本）学僧，并在大兴善寺翻译经典。

唐高祖画像

隋末，京城动乱，道法难行，灵润潜隐化感寺中，又与智信、智光弘传道业。在这里灵润担任上座，足不涉世，专心修业，达十五载。

唐王朝立国以儒学为本，释道为辅。高祖李渊初入长安，社会不够安定，不少名僧归隐山林。但随着扶助、利用和管理制度的落实，佛教又很快展现出勃勃生机。

唐武德年间以祭祀开国将士为主体内容的玉泉行宫建造与祠堂建设，唐贞观初期以悟真寺扩建为主体的山北水陆道场建设，确立了蓝谷佛教在京畿长安有的崇高地位。

长安大禅定道场道岳（568—636）是在唐武德初年隐居化感寺修道弘业的。道岳与智信、智光有师门之谊，在这里他依真谛《俱舍论》本疏，兼用18部论疏，删繁就简，错综成篇，编为22卷，以真谛精本《俱舍论疏》通行传世。

道岳俗姓孟，河南洛阳人，生于儒学世家，15岁离俗，依僧粲法师为师。僧粲（529—613）在隋开皇十年（590）入京，敕住大兴善寺，屡任寺职，是弘传大乘经论的京都名僧，隋仁寿年间曾两送舍利至地方州府，隋大业九年（613）卒于大兴善寺。道岳少年时即好学经论，涉猎诸经律部，后随僧粲入京，又投师道尼受学真谛所传的《摄论》，从志念、智通二师学习《成实论》。在住长安明觉寺期间，他钻研《俱舍论疏》，竟闭门七载，静心功业。大业八年（612），道岳诏住大禅定道场，时年34岁，被推为请主（当时经书或论疏的主讲人，因受邀请而被称为请主），以真谛口述、慧恺笔录的《俱舍论疏》判通《俱舍论》旨义，从此名震法席。唐武德年初，道岳居留化感寺数载，潜心《俱舍论疏》编撰，后重返京城，住在大总持寺（原禅定寺）。晚年诏住普光寺，唐贞观十年（636）二月卒。

唐武德二年（619），初入居化感寺的另一名僧是晋阳（今山西省太原市）凝定寺志超（571—641）。志超俗姓田，同州冯翊（今陕西省渭南市大荔县）人，远祖时迁居并州榆次（今山西省晋中市榆次区），27岁出家，依并州开化寺（今山西省太原市开化寺）慧瓒（536—607）禅师修行。慧瓒传承禅宗慧可法系，如道宣所云，“承秉玄奥，学慕纲纽”，有“摩法虚宗”特色，仁寿年间受诏入住大禅定寺，大业三年（609）圆寂龙池寺。慧瓒入长安后，志超在太原西比干山创立禅林。

唐高祖李渊在太原起兵时，志超率僧侣入住晋阳凝定寺。隋义宁二年（618），高祖进入长安，志超遂领弟子20余人前往庆贺。由于昔日的名声嘉望，志超受到高祖的特殊礼遇。左仆射魏国公裴寂在自己的宅第另设别院供志超与他的弟子居住，但志超还是心系禅林，在灵润、智信、智光等人“义解钩玄，妙崇心学”的禅门道法吸引下，毅然带领弟子们投居化感寺。

志超的到来使化感寺实力大大增加，禅门地位空前提高。灵润、道岳、志超、智信、智光等五大高僧齐聚寺里，共念禅定，弘扬禅法，贤圣之间语默相契，彼此尊重，互敬为师，成为终南山佛教一时佳话。

当时正值天旱饥馑，僧人与百姓一样食不果腹，只有化感寺一家寺院独自招待宾朋僧侣。他们磨谷做饭，平均分配，昼夜不停，弘法无辍，以至四方仰慕，缘结如云，从者如山。化感寺也因此名震禅林，位于寺院东北且临蓝谷的圆顶山，从此便有了标志性的覆釜山之名。

伴随化感寺的名声远播，寺院僧人日益增加，长安达官贵人时常来寺里游玩。加之寺居古道旁，又是官家驿路，化感寺遂多了几分喧嚣，逐渐失去了禅林独有的寂静。

武德四年（621），道岳编撰《俱舍论疏》初成，返回京城大总持寺。

武德五年（622），志超离开化感寺重返晋川，在介山（今山西省介休市境内，晋国介子推携母隐居被焚之处）创立禅林，结韵仙室，后又在介休县（今山西省介休市）治立光严寺。寺院建筑高大恢宏，如同神宫。贞观十五年（641）卒，葬于城南山坡。

武德七年（624），寺主智信被人诬告，朝廷敕使者带领官兵围寺，皇权威势，大显其能。灵润见此情形，就告诉使者："我等僧众山居行道，心中决不亏负万物所赐，凡圣贤当知这绝非告状人所言。"不料使者听后愈加发怒。正在此时，忽然风雷大作，山崩树折，大风把使者的头巾、帽子吹落座席，飘至他处。围寺人众见状，皆惊恐丧胆，连忙祈求悔过。灵润遂对使者说："施主有福，能感知幽灵，像这样祥瑞征兆过去从未有过。"使者听后惭愧不已，一场官司便由此释然化解。

贞观五年（631），灵润受长安会昌寺上座昙藏（567—635）推荐，大兴善寺僧众上陈朝廷敕使诏请，入京担任大兴善寺住持。贞观八年（634），应诏入住弘福寺担任翻译证义。在此期间曾奉敕令住锡洛东，行化郑魏，以后又奉诏返回弘福寺。

值得一提的是灵润的弟子智衍，他从小随灵润出家，在化感寺里长大。灵润重还京城，智衍仍留化感寺，亦时入京城弘法，后住蓝田县城东南的法池寺。按唐道宣《续高僧传·灵润传》记载，他继承灵润所宗，弘传《摄论》《涅槃经》，深明词义，誉美当时。

智信晚年的归宿之处不见籍载，或许圆寂化感寺里，今天已无从得知。智光晚年的行迹唐道宣《续高僧传·智光传》有所披露，依"寻还庐阜，屏绝人事"的记载，应是回到九江庐山，卒于山舍之中。

辉煌盛唐期

贞观以后，朝廷对佛教的政策更加开放。在高宗李治当政时，佛家诸宗相继而起，弘法潮流遍及天下十道（初唐设十道监察区，行政体制为道、州、县三级）。武后为登上帝位，亦借用佛教制造舆论；登基后便把佛教地位置于道教之上。

武则天画像

皇室对佛教的日益崇信，促成了终南山佛教各大宗派的创宗立业活动。善导大师于悟真寺创立的净土宗，不仅“誉满长安，人皆念佛”，而且在很大程度上提升了蓝谷佛教的地位。

武周大足年（701），神秀（606—706）大师亲传弟子惠福慕名入住化感寺，不久惠福又邀请初到长安的禅宗人杰义福（658—736）来寺游观。义福见这里山水灵秀，禅林清寂，便息心驻足，就此住锡。

惠福在《景德传灯录》上记名小福，与空寂寺大福为同宗，一起赴神秀大师门下受学，默领法印。神秀大师受诏入东都洛阳后，惠福又尊从师命返还京都长安教化。

密受神秀大师付嘱的义福，俗姓姜，上党铜鞮（今山西省长治市沁县）人。15 岁出游卫、邺（今河南省濮阳市、安阳市），入汝南中流山读《法华经》《维摩诘经》诸经，又至洛阳福先寺从杜朏学习大乘经论，后到嵩山岳寺投嵩岳大师法如，不料法如谢世，义福遂在寺里落发受戒。武后载初年（690），义福闻神秀大师在玉泉道场禅慧教化，遂前往谒见，投入当阳玉泉寺神秀大师门下。

神秀大师是禅宗五祖弘忍（601—674）的上首弟子，禅门北宗之开山始祖，曾受武则天跪拜和中宗宠重，谥号"大通禅师"。义福在神秀身边，十年操守，不失一念，苦心钻研，幡然大悟，尽得神秀所授空藏，印得禅门总持之法。

神秀画像

武周久视年中，神秀大师被则天皇帝诏请入东都洛阳，义福领受师命返还嵩岳寺弘法，不久受京城名德大福等相邀来到长安。义福初住骊山南阜归义寺，武周长安中移住蓝谷化感寺。

武周神龙二年（706），年逾百岁的神秀大师卧病天宫寺。义福闻听此讯即从化感寺前往东都洛阳，亲自侍奉，不离左右。临终之时唯义福在侧，故得神秀大师密授传付，诚如圣僧万回对众人所言："宏通正法，必此人也。"

神秀大师圆寂后，义福与普寂（651—739）随太子洗马卢正权护送神秀大师遗体回归当阳玉泉寺，在古度门寺（玉泉寺旁）置塔安葬。处理好神秀大师后事，义福又重返化感寺与惠福共同弘传神秀大师的定慧禅业。

当阳古度门寺

按《楞伽师资记》所说，义福、普寂、景贤（660—723）、惠福同为神秀大师门下四大知名弟子，记云："天下坐禅人叹四个法师曰：法山净，法海清，法镜朗，法灯明。宴坐名山，澄神邃谷，德冥性海，行茂禅林。清净无为，萧然独步。禅灯默照，学者皆证心也。"这就是说四人所传的禅法如同山、海那样高深清净，如同镜、灯那样朗然明亮。他们在名山深谷的安心修行，德存自性之海，行茂禅门之林，当是萧然独步于清净无为的禅空境界。其德行就像禅门的灯炬，默默地指引着前行的路程，使远近学者从他们受法，致力禅观自悟以求得解脱。

义福在化感寺20年，惠福到化感寺后再也没有离开。正是义福与师门惠福的共同努力，一起开创了化感寺在盛唐时期的辉煌岁月。

武周时期弘传弘忍"东山法门"的神秀大师，被奉为"（东西）两京法主，三帝（武则天、中宗、睿宗）门师"。神秀归寂后，唐中宗李显派考功员外郎武平一到嵩山南麓嵩岳寺宣诏，敕令普寂统领门下徒众。普寂遂以禅宗七祖自任，在嵩岳与洛阳组织了备受朝廷支持的北宗僧团。

化感寺遗址

与普寂遥相呼应的是，义福与惠福在京畿蓝田化感寺建成了终南山独有的禅门北宗传法中心。如《大唐故大智禅师碑铭并序》所记，时有安下心来的贞信之士，不愿跻身隐沦之人，虽负才智，依仗显贵，鸿名硕德，皆割弃爱欲，洗心清净，捐资礼敬，供施各方，或入寺内请发菩提之心，或在寺中参悟禅法，结契静修。其中，有好慕而求进修者，也有厌苦而求利益者，凡来寺之人莫不诚恳立誓，情志专一，披露尘世烦恼，寻求自身解脱。前往求教之人，不远千里，不间旬日，汇聚道场，布满南北山谷。由此可见化感寺禅法之盛，影响之广。

浓厚的弘法氛围促成了禅林寺院的扩建，唐开元初化感寺在北岭院建成以琉璃瓦装饰的三进阶主体大殿。主体大殿由三大殿组成，坐北面南，基础逐级高起，连成一线。殿宇宽可九间，深及二丈，豁开五门，气势不凡。这就是王维《游化感寺》诗中所说的“琉璃宝地平”与“龙宫连栋宇”。

南山院在虎溪南，坐西面东，依西来孤峰山崖而建，分上下两阶。院落北临虎溪干流，南滨虎溪支水，旁为虎侯山梁，抬眼可见斜对着的琉璃大殿。整体建筑在开元初期又进行了一次大的改造，建成依阶分布的山院庭堂。上阶堂屋居高临下，可一览山谷秀色，故为上人清静居所。诗人王维有《过化感寺昙兴上人山院》诗，“昙兴上人山院”即指此院。

西山坳里的院落称西山院，在开元初进行了大规模扩建，形成了集贮藏、加工、生产于一体的寺院经济运行中心，建立了环山坳逐阶分布的僧居与斋堂、客堂。诗人王维皈依时居住的客房就在西山坳中。

最引人注目的建筑是被人们称道的惠福禅师兰若(梵语“阿兰若”的略称，一般指未为朝廷赐额的寺院或僻静小寺)。性好空寂之境的惠福禅师，喜爱这里山水密林的清静，在少有人迹的青龙岭北、覆釜山(俗称大谷嘴)腰建立了独居的北山院。关于这座寺院诗人王维

在《过福禅师兰若》一诗中做了记载，如“岩壑转微径，云林隐法堂”“羽人飞奏乐，天女跪焚香”，真实地指示了兰若所在的位置和寺院壁画的内容。

义福与惠福在终南山的弘法活动，引起了京城长安的广泛关注。开元十年（722），受长安道俗诚心相请，义福为扩大禅门北宗在京都的影响，带领弟子中的大雄猛、大震动、大悲光、大隐、神斐禅师到长安一带弘法，是年入住大慈恩寺。开元十三年（725），玄宗诏令义福从驾东都，住福先寺，并将普寂诏入洛阳暂住敬爱寺。开元十五年（727），玄宗诏令义福陪驾返回京城，同时又安置普寂留兴唐寺传法。禅门北宗在这一时期的禅法领地不仅囊括东西两京和广大的北方各地，甚至包含长江流域局部地区。其势力之大，影响之广，远非禅门南宗可比，堪称禅门北宗空前绝后的鼎盛时期。

大慈恩寺

开元二十一年（733），玄宗复诏义福入东都，住城南龙兴寺。开元二十四年（736）五月二十五日，义福圆寂此寺，终年79岁。玄宗诏令中使特加慰问，谥号“大智禅师”。

义福离开化感寺后，继续义福事业的是他的师弟惠福和他的嫡传弟子定境、道播、玄证等禅师。惠福有弟子3人，日没云禅师住在太白山（疑为东太白山，在蓝田），法超禅师住在东白山（在辋川），常在身边的是深寂禅师。

开元、天宝年间，禅门北宗法盛东西两都，化感寺与嵩岳寺并称北宗两大禅林，且因临近京城缘故，故得达官贵族崇仰。诗人王维是开元、天宝年中常到化感寺游历、居留的文人墨客。

开元十七年（729），返回长安的王维，怀着对淇上（今河南省鹤壁市淇河）屏居生活的眷恋，重新把目光投向终南山水，开始在蓝田寻找自己归宿的乐园。他的第一目标是禅门北宗的化感寺，来这里游历完全出于一种对义福禅师的仰慕和对北宗禅法的虔诚。这时义福已到长安多年，但是王维还是痴心不改，在《游化感寺》诗中表达了“抖擞辞贫里，归依宿化城”的愿望，并写下“誓陪清梵末，端坐学无生”的志向。

开元末，王维在辋川南山（今飞云山）选址建立了草堂精舍，并把吃斋念佛的母亲搬来居住。其母博陵崔氏，师事普寂门下30余年，搬住辋川后便与王维常来化感寺中烧香拜佛。

唐天宝三年（744），王维买得宋之问所建的蓝田山庄，即开始辋川诸多景点的经营建设，辋川遂成为文人秀士的会聚之地，化感寺更是王维与裴迪往来游居的栖神之所。王维与裴迪同咏的《过化感寺昙兴上人山院》，王维写给裴迪的《山中与裴秀才迪书》，以及王维的

《过福禅师兰若》，均反映了王维同化感寺的不解之缘。王维诗中写到的“昙兴上人”，与长安青龙寺的“昙壁上人”一样，或为义福禅师的法嗣。可惜史料匮乏，今天已无法知道他们的姓氏乡籍。

同惠福禅师的交往可能是王维与禅门北宗过从最密的一段经历。王维不仅为惠福的北山院，也就是覆釜山院，写下了《过福禅师兰若》一诗，还邀请寺院的僧人造访自己的辋川别业，留下《饭覆釜山僧》的一段绝唱。

覆釜山今称大谷嘴，因山形如覆釜得名。山虽不高，只有 1484.8 米，却以相貌奇特灵秀一方。被王维邀请的僧人自然不会是年老的惠福，或为惠福的门人深寂禅师亦未可知。《饭覆釜山僧》当是王维与化感寺僧人密切往来的有力证据。

衰落中唐后

发生在唐天宝十四年（755）十一月的“安史之乱”，至唐宝应二年（763）春方告结束。这场叛乱历时七年又两个月，从根本上动摇了唐王朝统治的基础，终结了自贞观以来的太平盛世。伴随叛乱产生的藩镇割据和不断出现的战事，加剧了社会的动荡不安，使广大百姓处于水深火热之中。

中唐时期的帝王大都对佛教多有尊崇。“安史之乱”中登上帝位的肃宗李亨和此后的德宗李适、宪宗李纯，曾先后在唐上元初年(760)、贞元六年（790）、元和十三年（818）3次迎佛舍利入长安宫中供养。但朝廷对佛教的重视并未改变佛教赖以生存的社会环境，与王朝兴衰和社会安定、经济繁荣息息相关的佛教终因太平盛世的离去而逐渐失去了昔日的风光。

郭子仪画像

“安史之乱”的战火虽未殃及化感寺，但唐广德元年（763）十月的吐蕃兵马入寇长安却使化感寺一度成为郭子仪驻兵的前哨之地。史书《通鉴纲目》记载，郭子仪使长孙全绪率二百骑探查敌情，扎营桓公堆，昼则击鼓张旗，夜则燃火以疑，迫使吐蕃兵马悉数遁去。

广德元年十月的吐蕃侵掠京畿，是由献城投降的泾州（今甘肃省平凉市泾川县）刺史高晖为向导，引吐蕃兵马进入关中。十月二日寇犯奉天（今陕西省咸阳市乾县）、武功、盩厔（今陕西省西安市周至县）等县，七日代宗李豫驾幸陕州（今河南省三门峡市陕州区），从官多由蓝田南山诸谷赴行。吐蕃兵入长安后立广武王李承宏（入吐蕃和亲的金城公主之侄）为帝，并改元封赏。是月二十一日郭子仪收复京师，十二月代宗李豫返还京都。

吐蕃兵马抢掠蓝田县时，光禄卿殷仲卿曾率千人坚壁清野，当地百姓与京城涌来的逃难官员多入南山躲避。化感寺位置隐蔽，又临官道，一时居然人满为患。唐天宝末，官任蓝田县尉的诗人钱起，宝应二年（763）夏从蓝田谢任入朝，任职右拾遗，七月朝廷改元广德，十月吐蕃入寇，钱起又投化感寺暂避，留下《东城初陷，与薛员外、王补阙暝投南山佛寺》一诗。

钱起是“大历十才子”中与佛教颇有因缘的人物，在蓝田任官和隐居期间先后题写过有关悟真寺、归义寺、津梁寺、空寂寺等诸多名寺的诗篇，与化感寺的因缘除了避难投居，还有归隐蓝上别业时在这里搭建书斋，其个中缘由或是出自同“准上人”的交往。从钱起另一首描写化感寺的《杪秋南山西峰题准上人兰若》诗中可以看出，诗人在蓝田任官时便对“准上人”所在的山寺独有“余好”，能以远公（庐山慧远）喻比“准上人”，足见诗人对“准上人”的仰慕。遗憾的是“准上人”竟无史籍记载。

“安史之乱”以后，化感寺随同佛教的境遇变化，开始逐步走向衰落。昔日的盛景已不复存在，独具魅力的禅林风采亦在褪去旧有的颜色，无奈的失落始终是寺院挥之不去的阴云。

值得庆幸的是化感寺毕竟为一代诗匠王维皈依的寺院，文人仕宦依旧往来不断。至唐元和九年（814），著名的大诗人白居易在下邽（今陕西省渭南市临渭区下邽镇）渭村完成长诗《游悟真寺诗》，后来到化感寺中，题下《化感寺见元九、刘三十二题名处》一诗。此诗的内容告诉我们，诗人的好友元稹和刘敦质曾在寺院墙壁题字留名。题字的地方位于残破的窗前，在落满尘埃的墙壁上面。元稹与刘敦质的题字今天已无从知道其内容，而元稹有首记游化感寺的《山竹枝》诗，仍能让人从中领略到诗人对寺院故僧义福等人的崇敬之情。

毁在会昌中

“安史之乱”滋生的痼疾蔓延整个中唐时期。不时地外来侵扰、内发叛乱与宦官专权相互交织一体，导致中央集权支离破碎，国库陷入极度空虚，广大百姓更处在土地兼并加剧和官府徭役苛重的双重压迫之中。

面对这种内忧外患的复杂局势，唐顺宗起用原东宫旧臣王叔文、王伾及柳宗元、刘禹锡等人开始进行政治革新，史称“永贞革新”。这次改革只维持了不到 5 个月，便被宦官俱文珍弄权迫使顺宗禅位而告失败，以致出现了以“二王八司马”为代表的革新派受到了残酷迫害。尽管唐宪宗时朝廷对割据藩镇多方征伐，国家显现出短暂的统一，但是终因缺乏政治经济上的全面革新，国家财政与人民生计等诸多问题依然如故，皇室崇佛仍不吝钱财。

韩愈画像

唐元和十四年（819）正月，朝廷又爆发了“韩愈谏迎佛骨事件”。时任刑部侍郎的韩愈上表，反对皇室花费钱财迎佛舍利入宫供养，言说佛法传自夷地，历朝信佛的帝王寿命都不长。宪宗对此怒不可遏，下令将韩愈处死，幸亏宰相裴度和众臣求情，贬谪韩愈为潮州刺史。韩愈正月离京，遇雪阻塞蓝关，不禁悲愤交集，写下“云横秦岭家何在，雪拥蓝关马不前”的千古名句（见《左迁至蓝关示侄孙湘》）。

唐武宗画像

唐会昌元年（841），尊崇道教的武宗李炎（814—846）登上帝位。他宠信道士赵归真，任用宰相李德裕，开始禁佛之举。禁佛的原因不是别的，主要是国库空虚，财政拮据，历年税赋均入不敷出。而当时的佛教寺院约 4 万多所，僧尼 30 多万，拥有土地上千万顷，奴婢 15 万人之多。况且寺院土地不纳入课税，僧尼、奴婢亦不承担赋役。就大部分敕额寺院来说，“安史之乱”以后虽少了朝廷的资助，但依靠已有规模的寺院经济仍自给有余。武宗看重的正是这些，他的初衷完全在于取缔佛教，夺其资财，填补国库，增加税赋。

会昌二年（842）十月，敕令天下所有僧尼不准受戒烧疤、炼指供佛；不得习练咒术、禁气（以运气法施行禁术）。混入僧侣的军中逃兵，身上有杖痕（受过刑罚）、鸟文的杂工，以及犯淫养妻、不修戒行者，一并勒令还俗。僧尼个人财物，除衣钵外若有钱款、田地、庄园等，一律收纳入官。如惜钱财，情愿还俗者，亦令其还俗，充入两税徭役。

会昌四年（844）七月下敕，令拆毁天下山房、兰若和普通佛堂、义井、村邑斋堂等。不满 200 间未入额寺的，僧尼全部勒令还俗，充入色役（有名目的职役与徭役）。

会昌五年（845）四月，朝廷校勘各地入额大寺的庄园、奴婢、寺舍及僧尼，敕令天下寺舍不许置田、围庄。僧尼 50 岁以下的全部勒令还俗，迁归原籍；50 岁以上无祠部度牒者亦同，即使祠部度牒还要查对，有差异者仍要勒令还俗，迁归原籍。接着又下敕，只许上都长安、东都洛阳左右两街各留寺两所，每寺留僧 30 人；天下州郡各留一寺，上等 20 人，中等 10 人，下等 5 人。八月敕令所有寺院限期拆毁，计有入额寺院 4600 所，兰若 4 万余所。拆下木料用来修葺衙门、驿站，金银像物铸压成锭以度支官衙日用，铜像镜磬铸造钱币用于流通，铁像法器铸为农具出售。至此，寺院良田千万余顷、奴婢 15 万人一并收官，僧尼还俗 260500 人。

禁佛行动历时 3 年，波及全国各大州郡。由于事起迅疾，期限紧迫，大批僧尼身无钱物，并未及时回归本籍，以至途穷冻馁，流离无着。一些人便入乡村强抢人财，甚至啸居山林打家劫舍，形成新的时弊公害，使武宗欲从禁佛入手，达到填补国库、增加税赋的目的大都落空，从而加剧了社会的动荡不安。

这次“会昌法难”对佛教各大宗派的打击则是毁灭性的。寺院被拆，佛像被毁，法器被缴，经籍散佚，僧尼被迫还俗，从根本上破坏了佛教赖以发展的基础，佛教再也无法重现如日中天的盛唐景象了。

“会昌法难”带给化感寺的是灭顶之灾。作为一家入额大寺，如果说会昌二年（842）、三年（843）、四年（844）的敕令仅触及皮毛，那么会昌五年（845）四月进行的大寺清查便是伤筋动骨。没能列入保留寺院的化感寺，五月僧人被遣散，钱财被搜掠一空，土地山房被没收入官。八月寺院被拆毁，木料砖瓦运往今芦山南侧的桓公驿，去修新开的驿站。一座延续四百余年的著名寺院从此销迹于无形之中。

在毁寺过程中，寺院的金银佛像全部收缴国库，铜质像、镜、磬与烛台、香炉送往官衙铸币，铁制大钟与各种法器被捣毁后运至匠作工房。唯有那些大殿柱石、大门墩石因不易搬动，又非稀缺，最终留了下来，成为今人凭吊已往的慰藉。

湮没与重生

“会昌法难”一年后武宗去世，曾为武宗忌惮而避祸佛门的宣宗李忱（宪宗之弟，武宗之叔）登上帝位，又“务反会昌之政”恢复佛教。

唐大中元年（847）闰三月，唐宣宗李忱下敕天下州府，凡灵山胜境在唐会昌五年（845）所废寺宇，有宿旧名僧修创的所管部门不得禁止，一律任由住持。

唐宣宗的这道圣旨似乎给了化感寺一线重振的生机。一些旧有的僧人满怀希望返回寺院，但见到的却是满目疮痍、一片凄凉，不禁悲痛失声，呼天抢地。没有了山舍，失去了佛堂，动乱不安的社会环境几乎断绝了信众的往来，不少回到这里的僧人由于无处立站、无法生活，只好带着伤感又离开了。不过也还有矢志不移的僧人留了下来，在西山院的残墙断垣边搭起茅庵，清寂苦守，期待化感寺重兴的来日。可是由于蓝关古栈道的遗弃，官道改走峣岭南侧的山道，古寺更成为无人问津的山间野居，僧人只有依靠自力采撷艰难度日了。

“会昌法难”50 多年以后，风雨飘摇的唐王朝没能挽回自己的颓势，至唐天祐元年（904）皇室竟被黄巢义军降将朱温（852—912）挟持迁都洛阳。随后朱温强行迁移了大量长安居民户籍，拆毁了长安的宫殿与寺观，将木料顺渭水运到汴梁。天祐四年（907），朱温废去哀帝李柷，在汴梁（今河南开封市）登基称帝，国号大梁，历时 289 年的唐王朝就这样走到了自己的末日。

朱温开启的五代十国时期，是一个群雄争霸、劫掠连踵的乱世时代。百姓备受战乱之苦，寺院亦不时遭受兵燹之灾。

期待重兴化感寺的老宿旧僧，随着时间的推移一个接一个地故去，传承他们祈望的来者也渐渐失去了耐心。此时在蓝关古道的桓公驿旁，出现了一座新修的寺院，名龙泉寺。于是，留守化感寺遗址的禅宗传人便携带禅宗经籍投奔龙泉寺，到龙泉寺弘传禅门宗法。

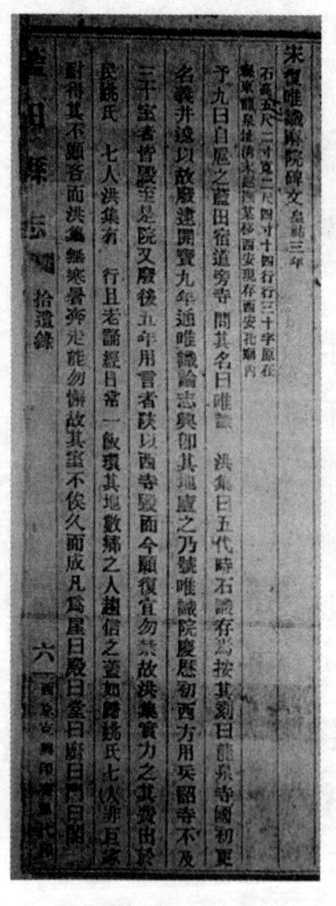
宋復唯識廨院碑文 皇祐三年
石高五尺二寸寬二尺四寸十四行行三十字原在[illegible]移西安現存西安孔廟內
予九日自屋之藍田宿道旁寺問其名曰唯識 洪集曰五代時石識存焉按其刻曰龍泉寺國初更
名義井後以散殿遺開寶九年通唯識論志與即其處廬之乃號唯識院慶歷初西方用兵留寺不及
三千室者皆毀室是院又廢後五年用言者詔以西寺毀而今願復宜勿禁故洪集實力之其費出於
民姚氏 七人洪集者 行且老謂經日常一飯環其地數郡之人趨信之蓋如歸姚氏七人[illegible]
耐得其不願者而洪集無寒暑奔走能勿懈故其室不俟久而成凡為屋曰殿曰堂曰廚曰門曰閣
[illegible] 拾遺錄 六 [illegible]

唯识廨院碑文

龙泉寺在宋代称唯识廨院，由僧人洪集筹划，庶民姚氏等 7 人出资，于宋皇祐三年（1051）重修而成。院内有屋、殿、堂、厨、门、阁，凡八区三十二楹，堪称宏伟壮观。化感寺的禅宗传人落脚龙泉寺，继有所成，传有所终，也算十分难得。

流转不息的岁月逐渐淡化了人们的记忆，到北宋时化感寺已经鲜有人知。虽然留居的人还在这里凭借山场生活，他们或能口口相传化感寺的奇闻轶事，但是官方的史籍却从此遗忘了化感寺曾经的存在。活跃在北宋末期的书画名家米芾（1051—1107），能把王维的《游化感寺》书成《游感化寺》，足见化感寺在北宋已销声匿迹。

明清以后，寺院遗址所在地被乡民称为“寺

坡”，并不断有人居住。西山坳处散布着几户人家。北岭前的三进大殿房基被开垦成了稻田。只是历代的县志均不知寺坡所指，化感寺确实在尘封的历史中湮没了。

湮没于历史尘封的化感寺，穿越时空千年无人问津。1998 年一位从事石材行业的赤子开始关注化感寺周围的山涧密林，2003 年把商海博弈 20 年的心血全部倾注在这块土地上。他就是今天西安莲花山森林公园的董事长冯广民先生，一个敦厚而质朴的创业者。

10 多年的努力终有成就，化感寺独有的神秘面纱已被揭开，它所在的森林公园已成为一块具有宗教文化特色的旅游热土。新修的僧舍房屋、文化展厅、亭台山景，傍山临水的释迦如来大像，逐级而起的石阶幽径，宽阔平整的山门广场，一切都在昭示着化感寺未来发展的美好前程。

第四章　寺之禅

何谓禅？在佛教的定义中，禅是“禅那”的简称，梵语音译。意为寂思入定、审虑生慧，也就是用一种源于内心的本性感悟来参透人生，求得自身的解脱。这种解决问题的方法和智慧，便是人们常说的禅，而传此心法的宗派在佛教来说则非禅宗莫属。

拈花会一笑

《拈花一笑》壁画

禅宗讲究心传，以心印心，它产生于佛教《大梵天王问佛决疑经》所载的一则故事，这就是号称禅宗第一宗典故的“拈花一笑”。

大梵天王是古印度神话中世界万物的创造者，地位如同中国开天辟地的盘古，但他却是一个善恶不分的魔鬼，高兴时让万物勃生，发怒时令灾难连踵，即便草木亦难幸免。不过他还是尊崇释迦佛祖，常请佛陀现身说法。

摩诃迦叶画像

有一天大梵天王率众人到灵鹫山去听佛陀说法，把一束金婆罗花献给释迦佛祖，并行跪拜佛足之礼。佛祖拿起金婆罗花，舒眼扬眉，示诸大众，却仪态安详，没有言语。当时众人皆面面相觑，默默以待，不知佛祖何意，唯有在旁边的迦叶尊者绽颜微笑。于是佛祖当着大家的面宣布："我有正传佛法，可普照宇宙，包藏万有，是一种超越生死轮回的奥妙心法。这种心法有实相无相之微妙变化，不立文字，教外别传。今咐嘱迦叶，相信你能护持，相续不断。"迦叶伏地领受佛旨，礼拜佛足而退。此后，迦叶就接受了释迦佛祖的衣钵，得到佛祖的正法心传，以心印相续，传承了古印度最早的禅宗。

"拈花一笑"的典故富含禅宗独有的义理。佛祖传给迦叶的实际是一种超脱生死、万有皆空的心境，只能从内心感悟领会，不能用言语表达。迦叶微微一笑，说明他的领悟到达了这一境界，故能得到佛祖的赏识，获得正传的禅门心法。

无独有偶的是，迦叶在蓝田亦传有异闻。传说库谷有迦叶亲手修建的天藏石寺，迦叶隐身此处，要等弥勒佛下界去交付释迦佛祖的心印。蓝谷是迦叶肉身涅槃之处，佛陀化缘的铁钵就保留在悟真寺里，大诗人白居易曾经目睹且留诗为证。禅宗后传的临济正宗，有第三十九世传人悟安智川禅师入寂悟真寺，今灵塔尚在原净土院址。以弘传心学与禅宗闻名的化感寺，在隋唐王朝鼎盛一时，无疑得益于迦叶的名望与影响。

折苇渡江天

禅宗在古印度传承，相续二十七代，传至佛学智慧非凡的般若多罗尊者。般若多罗尊者收南天竺国香至王三子菩提达摩（？—535）为徒，传以衣钵和正宗心法，菩提达摩遂成禅宗第二十八代祖师（按《景德传灯录》所载祖系）。

菩提达摩自小便聪明过人，香至王对佛法又十分虔诚，所以在年少时菩提达摩即受到佛教文化的熏陶，博览群经，通晓佛理。继承师父衣钵后菩提达摩致力佛法思想的统一和佛教振兴，成功地改变了南天竺国异见王的禁教之举，并度异见王为虔诚的佛教徒。

据说菩提达摩初有成就时，曾求教般若多罗尊者："我今得佛法，该去何处行化？"般若多罗尊者回答："应去震旦（即中国）。"正是依照师父所嘱，菩提达摩收拾典籍行囊，乘一叶扁舟渡海东来。历经三年艰辛，菩提达摩终于到达广州。南梁武帝萧衍闻听广州刺史奏报，连忙派使臣接菩提达摩到建康（今江苏省南京市），以上等宾客相待。

萧衍是一位推崇佛教的君主，但是他注重功德事业，偏好造寺、写经、度僧，对菩提达摩的面壁坐禅始终不能理解，于是菩提达摩便决定渡江北上。

梁武帝画像

传说萧衍得知菩提达摩离开的消息，十分懊悔，立即派人随后骑骡追赶。追至幕府山中，两边山峰突然相合，一行人被夹中间。合一的山峰后称夹骡峰，今天依旧存在。菩提达摩脱身来到江边，折一根芦苇投入江中，人立芦苇之上，飘然而过。这就是中国禅宗初祖菩提达摩“一苇渡江”的故事。

南京长江北岸今有定山寺，现存明弘治四年（1491）菩提达摩一苇渡江的石刻画像碑。近年定山寺遗址发掘，证实定山寺本是菩提达摩渡江后住锡的第一道场。

菩提达摩渡过长江，初居定山寺，不久北上嵩洛。北魏孝昌三年（527）到达嵩山少林寺，面壁坐禅，终日默然无语，人谓“壁观婆罗门”。当时有僧人神光，仰慕菩提达摩高风，立雪门首，断臂求法。菩提达摩为其精诚深深感动，遂收他为入门弟子，传安心发行的真法，授以心印，并赐法号慧可。收得慧可为徒后，菩提达摩游于河洛（今洛阳与黄河南北），至于邺都（今河北省邯郸市临漳县），普施法雨，广结因缘，凡有识见者，皆争相归从。但因此也引起了一些道不相契者的投毒加害，菩提达摩曾数次中毒，幸得救治无恙。

在慧可跟随菩提达摩的第九年（一说第六年），菩提达摩欲西返天竺，便把禅宗的秘诀奥妙付嘱慧可，授之袈裟和《楞伽阿跋多罗宝经》（简称《楞伽经》）4卷。故到第六度中毒时，菩提达摩以化缘已了，传法得人，便不再救治，端居而逝，葬熊耳山（今河南省三门峡市陕县）下，起塔定林寺。

《一苇渡江》图

菩提达摩的事迹十分奇异。《洛阳伽蓝记》卷一记载，菩提达摩初到洛阳，自云：“年150岁，历涉诸国，靡不周遍。”圆寂后3年，东魏使者自西域归，上奏说在葱岭见菩提达摩手携一只履回归西方。孝静帝令人挖开墓穴，打开棺木，空无尸骨，唯履一只。于是，孝静帝便下诏将所遗只履送嵩山少林寺供奉，而定林寺也因此改名为空相寺。

一花开五叶

菩提达摩在中国禅宗史上被尊为“初祖”，圆寂时留下偈语一帖：“吾本来兹土，传法救迷情。一花开五叶，结果自然成。”偈中“一花”是菩提达摩比喻他来中土所传的禅宗，“五叶”当是预示他所传的禅宗至花有五叶（即传五祖）时，大宗立成。

一祖自然是菩提达摩。

达摩祖师画像

惠可大师画像

僧璨大师画像

二祖慧可乃菩提达摩亲传。慧可（487—593），俗姓姬，武牢（今河南省荥阳市汜水镇）人。母因异光照室妊娠，生时起名称“光”。自幼博览诗书，通老庄之学，读佛学之典，超然不群。少时依香山宝静禅师出家，改称神光，受具足戒于永穆寺。后入嵩山少林寺参谒菩提达摩祖师，冬十二月立雪门下，雪没过膝，仍不得见，乃自断左臂，以表至诚之心，遂得面谒而获大悟，受传禅宗心法与衣钵，易法名慧可。北齐天保三年（552），传法于弟子僧璨，赴河北邺都，化导四众。隋文帝开皇十三年（593）示寂，时 107 岁。葬慈州滏阳县（今河北省邯郸市磁县），隋文帝赐谥号“正宗普觉大师”。

三祖僧璨（？—606），乡籍姓氏无考，生年亦未可知。起初以白衣谒见二祖，得慧可赏识，受度为僧，传承二祖法门与衣钵。北周武帝灭佛时，依二祖诲示，流遁山谷之中十余年。隋开皇初，与同学神定禅师隐居舒州皖公山（今安徽省安庆市潜山，亦称天柱山）。隋开皇十二年（592）住锡山谷寺（今安徽省安庆市潜山县三祖寺），讲经弘法，得弟子道信归附。10 年后，传衣钵于道信，不久与神定禅师南游广州罗浮山。时隔两年僧璨又复还旧地，隋大业二年（606）于法会大树下合掌立化，有《信心铭》传世。

道信大师画像

四祖道信（580—651），俗姓司马，世居河内（今河南省沁阳市），因父任官迁居，生于永宁（今湖北省武穴市）。7 岁出家，14 岁投奔三祖门下侍奉 12 载，传得心法与衣钵。此后至吉州(今江西省吉安市)、江州（今江西省九江市）行化，依止吉州寺、大林寺。唐武德七年（624），住在蕲州双峰山（今湖北省武穴市、黄冈市黄梅县一带），弃头陀游化，建双林寺传法，令弟子白天耕作，入夜坐禅。道信在双林寺居住了 30 年，归者云集，门徒 500 余人，后授禅法和衣钵于弘忍，又付嘱牛头山法融顿教法门，别立“牛头禅”一脉。唐永徽二年（651）坐化，春秋七十有二。著有《入道安心要方便法门》《菩萨戒作法》等，其道法所依除《楞伽经》外，增加了一行三昧。

弘忍大师画像

五祖弘忍（602—675），俗姓周，黄梅（今湖北省黄冈市黄梅县）人。7岁时遇到四祖出家，13岁剃度为沙弥。弘忍生性木讷，常勤作役，跟随四祖30多年，修禅习道，从不懈怠。四祖知他器质不凡，便把正传大法与衣钵一并付授。四祖圆寂后，弘忍在双峰山东的冯茂山另建东山寺，创立黄梅东山法门。东山法门的特点在于，变革自菩提达摩以来依《楞伽经》印心的传统，增加了以《金刚经》为印心的新内容。同时，设立丛林清规，聚众修禅，形成了坐禅与劳作并重的崭新禅风。弘忍门下徒众七百余人，知名弟子数十人之多，堪称当时佛门盛坛。按《楞伽师资记》，仅以弘忍所云，门下堪为一方人物，可传承禅法者就有上座神秀、资州智铣、莘州惠藏、随州玄约、嵩山老安、潞州法如、韶州慧能、扬州智德（高丽僧）、越州义方、白松山刘主簿等10人。这些人除慧能外，尽如《历代法宝记》所说，“皆当官领袖，盖国名僧”。唐上元二年（675）弘忍入寂，春秋七十有四。

六祖多主传

五祖弘忍之后禅门法传多主，关于六祖的认定在不同典籍上有三种说法。

法如大师画像

按唐杜朏《传法宝记》和嵩山少林寺法如塔碑文《唐中岳沙门释法如行状》记载，六祖为嵩山少林寺法如。法如（638—689），俗姓王，祖籍上党（今山西省长治市）。幼年随舅父到澧阳（今湖南省常德市澧县），19 岁从号称“解玄第一”的惠明出家。两年后依师所示，北游长安南山，或至弘扬心学的化感寺，不久投入东山弘忍门下。法如在五祖门下侍奉 16 载，心定一行修习三昧（意即禅定摄心），直到五祖圆寂。其时神秀、慧能早已离开，唯有法如在侧，故得密传法印。五祖入寂后，法如隐居嵩山少林寺。武后垂拱年间，应都城名德惠端禅师累次请求，始开法门行道，赢得学侣广至，千里向会。武后永昌元年（689）七月圆寂，留下遗训让门人常往玉泉寺神秀门下咨禀。

依唐东都沙门净觉《楞伽师资记》，六祖（除求那跋陀罗外）为荆州玉泉寺神秀。神秀（606—706），俗姓李，汴州尉氏（今河南省开封市尉氏县）人。少览经史，博学多闻，庄老儒学，无一不通。13 岁因饥荒赴荥阳义仓请粮，遇一学问僧人相随出家。游东吴，历闽粤，访罗浮、庐山等名山。20 岁受具足戒，锐志律仪，渐修定慧。年 46 谒见东山五祖，从学 6 年，深得五祖器重，授记传承禅门大法。后隐潜（或为白衣）十余载，人莫能知。唐仪凤中，由荆楚大德数十人举度，住在江陵当阳山（今湖北省当阳市东南）玉泉寺。法如禅师入寂后，禅宗徒众，千里归附，天下志学，莫不望会。武周久视年中，应诏入东都，受武则天跪拜而称帝师，随驾往来两京教授禅法。唐神龙二年（706）二月，圆寂洛阳天宫寺，送归玉泉寺起塔安葬，尊谥“大通禅师”。

慧能大师碑刻像

较《楞伽师资记》晚了近 80 年，由智炬（或作慧炬、法炬）所撰（或说智炬与胜持合编）的《大唐韶州双峰山曹溪宝林传》和蜀地禅宗保唐派、净众派所传的《历代法宝记》，均列慧能为六祖。慧能（638—713），俗姓卢，南海新州（今广东省云浮市新兴县）人。其父行瑫，原籍范阳（今河北省涿州市），唐初因贬官流落新州。慧能 3 岁丧父，母李氏寡居，艰难度日。年稍长，依打柴谋生。一日担柴至市，闻客诵《金刚经》，敬慕而问，客告此《金刚经》得于黄梅弘忍大师。唐咸亨二年（671），入东山道场，五祖见而默识，遂以杂役行者秘传得袈衣南返。唐仪凤元年（676）至南海（今广东省广州市）法性寺，遇印宗法师剃度，智光律师受戒。次年北上住在宝林寺，后又返回曹溪，开演弘忍法门，学者不下千数。神龙元年（705），诏请赴京，以疾上表婉辞。唐先天二年（713），坐化新州国恩寺，春秋七十有六。尸身用夹纻法制成干尸肉身像，至今保留已 1300 多年，堪称世之传奇。

法衣遗公案

慧能以杂役行者（或言帮厨）得五祖弘忍密传衣法，实属禅宗史上

慧能肉身像

一大公案。按北宋道原《景德传灯录·弘忍大师传》记载：咸亨年间，有一居士姓卢，自新州前来参谒。师问："你自何方来？"答曰："岭南。"师曰："欲作何事？"答曰："唯求成佛。"师曰："岭南人无佛性，怎能成佛？"答曰："人有南北之分，佛性岂能如此？"师知是异人，假意呵斥："到槽场（僧人住所）去。"慧能礼拜足下而退，便入碓（duì）坊（舂米工房），劳作杵臼之间，昼夜不息。

过了 8 个月，师知付授衣法之时已到，就告众徒曰："正法难解，不可徒然记诵我言，以为己任。你等各自随意述云一偈，若语意暗合，我即将衣法付他。"当时门下 700 余僧，以神秀为上座，神秀学通内外，人所宗仰。众人均推举相议："若不是神秀，谁能担当？"神秀偷听到众人称誉，不加思考，便于廊下墙壁书一偈云：

身是菩提树，心如明镜台。

时时勤拂拭，莫遣有尘埃。

师经这里，忽见此偈，知是神秀所写，赞叹道："后代依此修行，亦能获得胜果。"这处墙壁本来是让卢珍（唐代画家，元和年间内宫供奉）处士画《楞伽变相》用的，见神秀题偈在壁便不再画，让众僧各自诵念。

慧能在碓坊，忽听诵偈，就问同学："是何章句？"同学曰："你不知和尚求法嗣，令各自述己心偈？此则神秀上座所述，和尚深加叹赏，必将付法传衣也！"慧能问其偈内容，同学为他念诵，慧能思之良久，曰："美则美矣，了则未了。"同学斥责他："庸流如何得知？勿发狂言。"慧能曰："你不相信？我愿以一偈和之。"同学不答，只是与旁人相视而笑。至夜晚时，慧能密告一童子，引他到廊下，自己掌灯，让童子在神秀偈侧写下一偈：

菩提本非树，心镜亦非台。

本来无一物，何假惹尘埃。

师后见此偈，问："这是谁作？亦未见佛性。"众人闻听师言，便不屑一顾。等到夜里，师乃令人自碓坊密召慧能入室，告曰："诸佛出世为一大事，故随机缘小大而导引之，遂有十地（修行所历之十个阶位）、三乘（声闻、缘觉、菩萨）、顿渐（顿悟、渐悟）等义旨以为教门。然佛以无上微妙、秘密圆明、真实正法眼藏付于上首大迦叶尊者，辗转传授二十八世，至达摩尊者来到此土，得慧可大师承袭，以传至我。今日将法宝及所传袈裟付你，要善自保护，勿令断绝。听我偈言：

有情来下种，因地果还生。

无情既无种，无性亦无生。

慧能跪受衣法，开口问："法则已授，衣传何人？"师曰："昔日达摩尊者初至，人未崇信，故传衣以为信物。今信心已立，衣乃引发争端之物，传至你身不再传也。且你当远处隐潜，待有时机，再开始行化。要知道得授法衣之人，命如悬丝也。”慧能问：“当隐何处？”

师曰：“逢怀（今广东省肇庆市怀集县）即止，遇会（今广东省四会市）且藏。”慧能礼拜师足已毕，捧起法衣，连夜南奔，东山门下无人知晓。

师自此不再上堂，一连三日。众人奇怪生疑，前往探问，师曰：“我今法道已传，为何前来询问？”众人问：“衣法谁得？”师曰：“能者得。”众人议论，卢行者曰能，推想必是慧能得了法衣，就一起出寺追逐。

北宋道原所记的这宗公案，原出唐代《六祖坛经》，写得生动逼真，在今天的禅宗典籍中屡见不鲜。但据有关史料考察，却不免疑窦迭生。

如《景德传灯录》记，慧能传得法衣是唐咸亨二年（671），而《传法宝记》载，神秀年46往东山皈依弘忍大师。唐张说撰《玉泉寺大通禅师碑铭》言：“服勤六年，不舍昼夜。”《传法宝记》又云：“后随迁适，潜为白衣，或在荆州天居寺十余年，时人不能测。”神秀生于隋大业二年（606），46岁时是唐永徽二年（651），在弘忍大师处6年，离开为唐显庆二年（657），当慧能咸亨二年传得法衣时，神秀已在14年前离开东山，两人一生是否谋面尚不得知，何来《景德传灯录》所谓公案？

不置可否，慧能得授菩提达摩法衣（又称木棉袈裟）确实无假。但自菩提达摩来中土传法，禅宗便以内传心印为本，外传法衣为信。四祖道信既传法衣于弘忍，又传顿教法门给牛头山法融，别立法嗣。

五祖弘忍法传神秀、法如、慧能等10人，俱付心法承嗣后传，意在广化各方。临终前的付嘱也只把慧能列为一方人物，并未指示得授法衣的慧能是单传法嗣。至于独传法衣给慧能，则完全是因为慧能尚未出家剃度，故传法衣以为信物，况五祖弘忍授衣时言明，法衣至此不再传承。慧能传得的法衣在武周万岁通天二年（697）被武皇则天征入内宫道场供奉，不久赐予资州(今四川省内江市资中县)德纯寺智诜(609—702)。智诜后传上首弟子处寂，处寂又传无相，无相传至无住，不知所终。

传记提到的神秀偈与慧能偈，在唐代早期史籍中均不见记载，这就有理由怀疑为后人伪作。偈中的内容在刻意表达神秀未能明心见性，却忽视了五祖弘忍对神秀的评价。《楞伽师资记》云："我与神秀论《楞伽经》，玄理通快，必多利益。"又言："吾涅槃后，汝与神秀，当以佛日再晖。心灯重照。"《景德传灯录》记："吾度人多矣，至于悟解无及汝者（指神秀）。"《荆州玉泉寺大通禅师碑》载："东山之法，尽在秀矣。"由此可见，神秀在五祖弘忍眼中的地位当不同一般。

神秀与慧能的关系，在神秀在世时一直保持着同门的相互尊重，并非后来禅宗史籍所说的遣人追杀，劫夺法衣。作为知识渊博的饱学之士，神秀仅小五祖弘忍4岁，长慧能32岁，待人谦和，事法为重，颇有长者风度。故在东山门下六年深得五祖弘忍信任，被委为上座与教授师。所谓与慧能争夺法衣，令人追逐，实为无中生有。据《宋高僧传》与《六祖坛经》记载，神秀被武皇则天迎入东都洛阳后，曾屡次奏请武皇则天下诏，派使臣请慧能进京，并修书劝慧能顺从圣意。此外，还把自己得意弟子如志诚、神会等远送慧能处学习，神秀对同门的关照和支持可谓一片诚心。

人分南北禅

禅宗传承出现的分支，源自四祖道信晚年开始的教外别传。他同牛头山法融的交流，为带有三论宗色彩的法融一系注入了一行三昧的习禅念定。法融一系形成了弘传“无情成佛论”的牛头禅法。这种禅法后被慧能南宗接受，亦为后世禅宗的思想源头之一。

五祖弘忍的不同传授或许出于弘法形势变化的需要，也可能是因人施教所产生的结果。《楞伽经》论说以“人空、法空”和“以心悟证”为中心的观念，义理深微，名相繁多，除了文人仕宦，一般人很难读懂其中的含义。菩提达摩初祖以《楞伽经》作为印心所依经典，已有“教与禅并传，玄与义俱付”的真实含意。神秀本是饱学之士，熟谙诸经，故得五祖弘忍授以《楞伽经》印心的传承。慧能为贬谪岭南的流放官员之后，3 岁丧父，未能受到良好的教育，甚至不识文字。因此，五祖弘忍别开生面，传授《金刚经》法要，赐法衣让他赴岭南另立法席。《金刚经》论说“性空幻有”之般若禅道，述理透彻，文字简洁，且与中国传统的玄学契合，这正是五祖弘忍为适应传法需要而推出的新的选择。由此不难得知，禅门一宗分立为不同派别，实由四祖道信与五祖弘忍的传授所使，或者说是祖师旨在广开法路、别立新传而有意为之。

《六祖坛经》书影

有关禅宗出现的南北歧化，记述慧能禅法的《六祖坛经》这样诠释："法本一宗，人有南北，法即一种，见有迟疾。"这就是说，禅法本是一宗，因传法之人的居住有南方与北方的地域差异，而有南北之别；禅法也只一种，亦因受法之人的见识有迟钝与迅疾的根器差异而有顿渐之分。

南宗与北宗的称谓出自慧能弟子神会在滑台（今河南省滑县东）无遮大会（一种无阻无碍、广结善缘的僧侣聚会）的一场宣示。这场宣示发生在唐开元二十年（732），当时神会以慧能从弘忍授得祖传袈衣为据，宣称慧能的法门是菩提达摩所传的南宗，即南天竺一乘宗，是禅门正统。神秀没有得到祖传袈衣，故"师承是傍，法门是渐"，从此开始了长达 64 年的夺嫡之争。神会的说法引起了神秀法门的强势反击，不久神会便遭白马、卫南县令通缉，被迫逃往五台。唐天宝四年（745），神会被兵部侍郎宋鼎请入洛阳荷泽寺，天宝八年（749），再定南宗之旨。天宝十二年（753），御史卢奕上奏神会聚徒意有所图，企图推翻神秀禅法的官禅地位，玄宗诏他赴京问罪，贬逐弋阳、武当、襄州（今湖北省襄阳市）、荆州等地。神会的夺嫡虽未达到目的，但慧能禅法却逐渐为世人知晓，即如后来推崇慧能禅法的华严宗五祖宗密所云："既二宗双行，时人欲拣其异故标，南北之名自此而始。"

神会禅师

北宗两京化

五祖弘忍入灭后，神秀住荆州当阳山玉泉寺，弘传东山法门。玉泉寺原为隋代天台宗智𫖮大师所创，山门重深，名望极高，自神秀入住更是从法如流。

神秀身长八尺，浓眉秀目，威德巍巍，器宇不凡。武则天闻听神秀事迹，即下诏派使者迎神秀入东都洛阳，尚方监丞宋之问因此特上《为洛下诸僧请法事迎秀禅师表》。神秀到达洛阳，被武则天以跪拜之礼请入内宫道场供养，并奉为“两京法主，三帝门师”。同时，武则天还下诏在当阳山的玉泉寺旁另修度门寺，又于尉氏县故宅建报恩寺，以彰显神秀的功德。时之东西两京，皆宗神秀之禅。上自王公贵族、百官仕宦，下至庶民百姓，莫不望尘伏拜，以至如宋之问表章所云：“三山之道俗恋之如父母，三河之士女仰之犹山岳。”神秀门下之盛，可谓登峰造极。

当阳玉泉寺

唐中宗复位以后，对神秀更加礼重。唐神龙二年（706），神秀圆寂东都天宫寺，中宗赐谥“大通禅师”，亲自送葬至城门桥前，并宣太子洗马卢正权护送神秀遗体归当阳玉泉寺，在度门寺置塔安葬。唐睿宗时又赐钱三十万贯对安葬神秀的寺塔进行扩建。按《旧唐书》所载，有岐王李范、中书令张说、徵士卢鸿一等撰述的碑铭。神秀圆寂后，唐中宗敕使考功员外郎武平一到嵩岳寺宣诏，命普寂统领神秀法众，实际将普寂视作神秀的继承人。

普寂（651—739），俗姓冯，远祖长乐信都（今河北省冀州市），后世移居蒲州河东（今山西省永济市西）。年轻时在大梁（今河南开封市）、许昌一带求学，博习洪范九畴（《尚书·洪范》中所列治理国家之九法）、周易十翼（即《周易》注释 10 篇）。后来他别求法缘，投身佛门，听大梁璧上人讲《法华经》《唯识论》《大乘起信论》，从东都端和尚受具足戒，于南泉寺景和尚处学习戒律。以后他隐居嵩阜半岩，欲寻少林法如禅师，但尚未到达已闻其圆寂，便远赴玉泉寺投入神秀门下。普寂在神秀处修学 7 年，神秀付以《楞伽经》《思益梵天问经》二经心要，令他住嵩岳寺弘扬法门。唐开元十三年（725）玄宗诏请普寂住洛阳敬爱寺，开元十五年（727）安置住兴唐寺传授禅法。开元二十七年（739），普寂圆寂于兴唐寺，卒年 89 岁。河南尹裴宽上表奏闻朝廷，诏谥“大照禅师”，归葬嵩岳寺。礼葬之时，洛阳全城哭送，闾里乡间为之一空。

依独孤及（725—777）《舒州山谷寺觉寂塔隋故镜智禅师碑铭并序》云，普寂门下徒众万人，升堂者六十有三。其中传人之一的宏正，法嗣又胜其师一倍， 弟子遍及嵩岳、洛阳，荆州、吴越。时之两京官府、南北诸家皆以神秀、普寂法系为禅门之宗的正传，并推神秀为六叶祖，普寂为七叶祖。如唐礼部员外郎卢撰所撰《大照禅师碑铭》记载，普寂临终之前诲示门人曰：“吾受托先师，传兹密印，远自达摩菩萨导于可，可进于璨，璨钟于信，信传于忍，忍授予大通，大通贻于吾，今七叶矣。”这个明确的世传法系就是菩提达摩——慧可——僧璨——道信——弘忍——神秀——普寂。

事实上神秀一门在嵩洛地区是以嵩岳和洛都为传法中心，而在关中地区则有以化感寺为首的终南山传法中心和以慈恩寺为首的京都传法中心。关中地区的传法全仗神秀另一弟子义福和他的同门小福（惠福）、大福。义福与普寂东西呼应，共尊神秀为禅门六祖，认同普寂领袖禅林。

终南山传法中心在京兆蓝田县，有以化感寺为首的敕置禅宗寺院四所。

位于厚镇的空寂寺，岑岭回环，川原沃荡，是唐玄宗开元年间为大福和尚所立。大福，俗姓张，新丰（今西安市临潼区）人。传说出生满月双目犹闭，有异僧惊曰：“此西方圣者，当度众累以弘大乘。”初出家西明寺。西明寺在当时长安延康坊西南隅，原为魏王李泰宅，显庆年间官立为寺。大福精学五分律，后于荆州玉泉寺拜谒神秀，默领法印，融通幽门关键。神秀示他云：“萌乃花，花乃实，可不勉矣。”大福闻言顿时而悟，得知“不生者生，起心即妄；无说是说，对境皆空”的禅理。得到神秀授法，大福返回长安。后神秀承武则天诏来京，大福欲从师赴洛阳，神秀赐他如意杖，言：“吾道尽在于此，如意杖堪比如意

唐大福和尚碑（水陆庵）

珠，用之不尽，可教化西土之众。”于是，大福遂持此杖传法，景龙年间敕授涂山寺上座，涂山寺位于当时长安城南。以后又授荐福寺、庆山寺、龙兴寺上座。开元二十年（732），敕住空寂寺，以为终老之地，而末期又被京邑僧众请为大安国寺住持。大安国寺位于当时长安长乐坊，原为睿宗未即位时本宅，景云元年立寺。唐天宝二年（743），大福圆寂，国人哀送，莫不痛心。宝应二年（763），门人为大福在空寂寺立碑，由唐尚书主客员外郎陆海撰文，安国寺沙门惟嵩笔书。碑高 2.4 米，螭首龟趺，有双螭捧珠与释迦刻像。空寂寺在宋元祐二年（1087）、清康熙四十五年（1706）均有重修，今碑移水陆庵，为省级文物保护单位。

建在县城东南一隅的法池寺亦是唐代著名寺院，初唐时即有灵润、智衍住寺。武则天时有长老初上禅师住持，武周长安元年（701）与开元元年（713）先后完成三畈堂与善法堂营造，中书令张说为之写下《蓝田法池寺二法堂赞》。按张说文记，初上禅师俗姓彭，名知，至性笃亲，在料理高堂丧事之时，曾七日不食。他为人少言密行，志趣探究周易老庄与太一之旨，却又工于书法，后投身禅门，出家为僧，朝中名士，远近倾慕。依《蓝田法池寺二法堂赞》文中“献福二宫，潜祐七祖”当知，开元初普寂被推为禅门七祖已成公论。法池寺在大中年中曾一度改名通灵寺，后又恢复，明代改为法华寺。1989 年于遗址出土的唐代汉白玉盝顶舍利石函，曾以中国佛教文化的圣物远赴欧亚国家展出。

伏羲城侧的归义寺在今华胥镇，原是唐高祖李渊年轻未登基时的读书之所。李渊称帝后，这里辟为寺院。义福初入长安，即住此潜修，故有长安蓝山义福称谓。义福圆寂后寺院竖有《大智禅师碑》，碑今存西安碑林博物馆。唐肃宗乾元年间（758—760），官任蓝田县尉的诗人钱起游历此寺，写下《归义寺题震上人壁》一诗。震上人今已无考，是否为义福弟子“大震动”，亦未可知。诗中有“仍闻七祖后，佛子继调御。溪鸟投慧灯，山蝉饱甘露”的诗句，无疑为义福的门人在此传法。

归义寺遗址

除以上三寺外，与化感寺关系密切的还有山北寺，即山北水陆道场。依李华《故左溪大师碑》言：“又达摩六世至大通禅师，大通又授大智禅师，降及长安山北寺融禅师，盖北宗之一源也。”由此碑文可知，义福又有弟子融禅师在山北寺传法，山北水陆道场亦受到禅门法事的很大影响。

京都传法中心在慈恩寺。慈恩寺是一个建于唐贞观二十二年（648）的皇家寺院，原是太子李治为其母文德皇后所立，后为三藏法师玄奘译场。开元十年（722）义福入住这里，慈恩寺便成为神秀一门在长安的传法中心。

如《宋高僧传》云，义福“道望高峙，倾动物心”。京城内外的王公仕宦、士子学人，一时闻风而至，请益如市。义福在长安的传法活动未经一年半载，便很快引起朝廷的关注，受到唐玄宗的格外恩宠。开元十三年（725），玄宗驾幸洛阳，即诏义福陪驾。一路之上过蒲州、历虢州（今河南省三门峡市陕县），刺史及官吏士女皆持幡旗香花相迎。礼仪之盛，人数之多，使沿途道路都被堵塞。开元十五年（727）义福陪驾返回长安，开元二十一年（733），义福又陪驾再赴洛阳，足见玄宗对他的器重和偏爱。义福圆寂洛阳，归葬龙门奉先寺，送葬者达数万人。奉先寺位于龙门大卢舍那像南，唐高宗调露元年即公元679年建。

唐开元至天宝年间是长安禅门北宗在历史上最为辉煌的岁月。按照史籍与金石记载，这一时期北宗在长安传法的寺院还有大安国寺、宝台寺、法云寺、广福寺、圣寿寺、唐安寺等。

大安国寺规模巨大，有房4000余间，为著名的皇家寺院。寺内分置10院，“山池花木相映成趣，别院屋舍回环相连，殿堂楼阁庞然耸立”。10院之中特设楞伽院，专供禅宗名僧居住。神秀弟子大福，普寂弟子灵著（690—746），以及灵著弟子临坛大德神朗、智钊，从唐开元至唐大历年间相续住锡此寺，这里是神秀法门在长安继慈恩寺之后的另一传法中心。

宝台寺位于长安朱雀街西，唐仪凤三年（678）建。该寺原名光宅寺，武周长安二年（702）置七宝台，又称宝台寺。天宝年中，玄宗征召名德法律入住。法律（698—770）为普寂门下，俗姓姚，河南河清人，出身官宦之家。唐开元中剃度，先后受业襄阳明律师（一作真律师）、长安华严法师、洛阳普寂禅师。“安史之乱”时，唐肃宗诏令住持长安荷恩寺。代宗即位，又赐紫袈衣及金钩，“见重时君，得大总持，故能摄护”。又弟子道广（750—808），俗姓王，太原人，亦居宝台寺，坐化后“四众攀号，门人茹毒”。

法云寺是隋开皇三年（583）所立的一家尼寺，初名法轮寺，位于宣平坊西南隅。唐开元、天宝年间有辨慧尼住寺。辨慧（701—754），俗姓房，祖籍清河（今河北省邢台市清河县），出身官宦人家，9岁出家，20岁受具，先从普寂在洛阳修学，后住长安法云寺，唐天宝十三年（754）圆寂，传有法嗣无上、弘照等人。

一行禅师画像

北宗在长安的影响不只是佛教方面，普寂弟子一行制作水运黄道仪、编撰历史上著名的《大衍历》，当时可谓誉满朝野。一行（683—727），俗名张遂，魏州昌乐（今河南省濮阳市南乐县）人，太宗时功臣张公瑾之孙。幼学经史，博览群书，后避祸出家，师从嵩山普寂，参学天台山门下。曾译《大日经》，著《宿曜仪轨》《七曜星辰别行法》《北斗七星护摩法》和《梦天火罗九曜》等书，将印度天文、星占学纳入中国天文、星占学体系。开元十五年（727）一行在长安入寂。因是英年早逝，唐玄宗不胜哀痛，辍朝3日，敕葬铜人原（今西安市灞桥区洪庆原），并令在悟真寺水陆道场为之祈福。

南禅一隅偏

南华寺山门

慧能传得弘忍法门和法衣后回到岭南，隐匿怀集县（今属广东省）与四会县（今属广东省）两地之间，直到仪凤元年（676）才在南海郡（今广东省广州市）法性寺出家剃度。

唐仪凤二年（677），慧能北上韶州（今广东省韶关市）住宝林寺（后改名南华寺）。韶州刺史韦琚礼请慧能在大梵寺演说禅法义理，并受无相心地戒（以无相不可得之心地为戒体的禅宗戒法）。之后，慧能返回曹溪（今广东省韶关市曲江区）传法，从学之人有千余之多。

武则天时神秀奏请朝廷迎接慧能入东都洛阳，慧能诚恳推辞，告使者曰："吾形不扬，北土之人见斯短陋，或不重法。又先师记吾以岭南有缘，且不可违也。"（见《宋高僧传》）自此足不北往，于岭南而终。

慧能传法亦同弘忍，取多端传承，门下得道法嗣达 43 人，尤以荷泽神会、南岳怀让、青原行思、南阳慧忠、石头希迁、永嘉玄觉最为著名。

神会（684—758），俗姓高（依宗密《圆觉经大疏钞》，为嵩姓），襄阳（今属湖北省）人。年方幼学，便从师授而通五经，即《周易》《尚书》《诗经》《礼记》《春秋》；接着习庄老之学，览《后汉书》而知佛教，遂依本府国昌寺颢元法师出家。14 岁时投入荆州玉泉寺神秀门下，武周久视年中神秀受诏入东都洛阳，即效善财童子五十三参远赴岭南曹溪拜谒慧能。在慧能处做苦行僧 3 年，又北游长安受戒，四年后返回曹溪。从此侍奉慧能门下，直到慧能圆寂。

慧能圆寂后，神会遍访名迹，至唐开元八年（720）方得朝廷敕配住南阳龙兴寺。开元二十年（732），在嵩山老安（慧安）支持下，神会于滑台（今河南省滑县）大云寺召开无遮大会，初论南禅北宗是非。不久神会遭受通缉，亡命五台，后混迹商旅，负称回归。

唐天宝四载（745），兵部侍郎宋鼎礼请神会入住洛阳荷泽寺。神会于寺内设慧能真堂，序六祖宗脉，宋鼎为之碑文，太尉房琯作《六叶图序》。自此曹溪南禅在沉废 20 年后开始播行洛阳，荷泽宗之顿门亦从此流传于天下。

洛阳荷泽寺

天宝八载（749），神会在荷泽寺再定南顿北渐宗旨，宣示六祖慧能为嫡传正宗。

天宝十二载（753），御史卢奕奏报“神会聚徒，疑萌不利”，神会遂被贬逐出洛阳，先后移住弋阳、武当、襄阳、荆州等地。

“安史之乱”中，郭子仪用右仆射裴冕权宜之计，于各大府设坛度僧，官卖戒牒。神会主持戒坛，聚财以助军用，从而受到朝廷重视，肃宗诏其入内供养，并在荷泽寺为造禅宇。

唐乾元元年（758），神会坐化于荆州开元寺，享年75岁。宝应二年（763）敕于洛阳宝应寺置塔，永泰元年（765）入塔，唐大历七年（772）敕赐塔额曰“般若大师之塔”。

1983 年神会塔铭于洛阳龙门西山北侧的唐宝应寺遗址出土。塔铭由神会门人慧空撰、法璘书，从内容看神会确被门人尊奉为七祖，就是所谓的“宗承七叶”。但神会的七祖地位未见唐史记载，不仅北宗否认，南宗其他各派也未认同。

怀让大师画像

怀让（677—744），俗姓杜，金州（今陕西省安康市）人。15 岁时前往荆州玉泉寺，依弘景律师出家受戒。后到嵩山参谒老安，受老安启发而赴曹溪，拜在慧能门下。怀让在慧能身边侍奉 15 载，唐先天二年（713）入衡山，住般若寺。

唐开元年间，怀让得高徒道一，道一因行法洪州（今江西省南昌市），而有洪州宗。天宝三年（744）怀让圆寂于南岳衡山，宝历年中被赐谥“大慧禅师”，塔号“最胜轮”。

行思（671—740），俗姓刘，吉州安城（今江西省吉安市安福县）人。幼年出家为僧，投入慧能门下，位居首座。后领受师命回到本州，住青原山静居寺传法。

慧能入寂时，门下有沙弥希迁，曾问往后皈依。慧能回答：“寻‘思’去。”起初希迁不解其意，后得当时的一座指点，便礼辞慧能灵龛，到行思座下补修。

行思将正法眼藏传付希迁（700—790），希迁人称“石头和尚”，后创立青原宗。开元二十八年（740），行思坐化。后唐玄宗赐谥“弘济禅师”，灵塔曰“归真”。

慧忠（675？—775），俗姓冉，名虎茵，越州诸暨（今浙江省诸暨市）人。少年时好学，博通经律，参学双峰、叩谒曹溪达 11 年之久。其后游历五岭、罗浮、四明、天目、白崖、紫阁、武当等诸大名山，天授元年（690）隐入淅川白崖山（今河南省南阳市淅川县仓房镇），居党子谷结庵说法。在此居住 40 多年，学者风从而至，有千人之多。

开元八年（720），玄宗敕请慧忠住南阳龙兴寺。唐上元二年（761），肃宗诏入京城，待以国师之礼，敕居千福寺西禅院。代宗即位尤对慧忠礼遇有加，移光宅寺另行安置。

大历十年（775）慧忠圆寂，长安僧俗数万人痛哭，哀恸响彻梵场。敕谥“大证禅师”，诏葬党子谷香严寺。

玄觉（665—713），俗姓戴，永嘉（今浙江省温州市永嘉县）人。幼年出家，住温州开元寺，遍阅经律论三藏典籍。据《佛祖统纪》卷十载，玄觉出于天台宗慧威座下，与左溪玄朗同门，精于天台止观之道。起初至玉泉寺拜谒神秀，请问双峰禅法。后与东阳玄策出游向慧能请益，因言下契悟，慧能留其一晚，故曰“一宿觉”。返回温江以后，跟随学道问禅之人一齐会聚而来，人称其为真觉大师。

先天二年（713），玄觉坐化龙兴别院，葬于城外西山。敕谥“无相”，塔曰“净光”。有《证道歌》《禅宗悟修圆旨》等著作传世，讲述佛法证悟途径。庆州（今甘肃省庆阳市）刺史魏靖汇集其文，分作 10 篇，并作序名《永嘉集》。

盛衰随时转

义福与普寂圆寂后，北宗神秀法门依旧续写辉煌，在东都洛阳有敬爱寺和圣善寺两大传法道场。

敬爱寺是唐显庆二年（657）由高宗与武后所立，制度同于长安西明寺。寺院曾一度改名佛授记寺，未久又复原名。普寂受诏入洛阳时初住此寺，圆寂后有弟子广德、昙真、法玩、承威等名僧大德继续在这里传法，其中以昙真、法玩最为出名。

昙真（704—763），俗姓边，河南开封人。年少时即入嵩岳、少林寺读诵，20 岁于太原受声闻戒，后到普寂长老处，醒迷解缚，始开心地，扫落意尘。唐天宝八年（749），蒙朝廷正式度僧，隶名洛阳卫国寺，不久受请充任敬爱寺大德。唐宝应二年（763）寂灭，葬嵩岳寺北阜。唐大历二年（767），代宗下诏赐谥“大证禅师”。今存大历四年（769），王缙撰文，中书舍人徐浩书写之碑。

法玩（715—790），尼禅师，俗姓张，魏（今河南省）人。18 岁从普寂学法，年 20 受具足戒。一生致力布学讲道，经常往来嵩岳少林与洛阳之间，为敬爱寺临坛大德。寂灭之时有上万弟子参加葬礼，仅塔铭中题名者就有近 40 人。

圣善寺是唐景龙元年（707）中宗为武后追荐冥福而立的一处大寺。“安史之乱”前后一直由普寂法嗣宏正住持，这里曾是盛极一时的北宗传法道场。

依唐李华《故左溪大师碑》言：“至梁魏间，有菩萨僧菩提达摩传楞伽法，八世至东京圣善寺宏正禅师，今北宗是也。”再依孤独及《舒州山谷寺觉寂塔隋故镜智禅师碑铭并序》所载，“秀公传普寂，寂公之门徒万人，升堂者六十有三，得自在慧者一，曰宏正。正公之廊庑，龙象又倍焉，或化嵩洛，或之荆吴。自是心教之被于世也，与六籍侔盛（齐盛）”，可知宏正便是当时的禅宗八代祖师。尽管宏正的事迹在《景德传灯录》与《宋高僧传》中未见记载，但是敦煌《第七祖大照和尚寂灭日斋文》（见田中良昭《敦煌禅宗文献研究》）中，有普寂在世时宏正即代师传法而被尊为导师的内容，足见宏正传承普寂心宗，被门下弟子拥立成禅宗八祖当有其背景。书此斋文的禅师今天已失名姓，然自称“依宏正导师，开五方便”，仍可知道宏正门下不仅弘化嵩（山）洛（阳）、荆（州）吴（苏州），即便在偏远的西北边塞亦有很大影响。

大历初年（766），张延赏为东都留守，迎请嵩山澄沼修复在“安史之乱”中毁于兵火的寺塔（时为回纥兵借收复洛阳之机焚毁）。澄沼的事迹与宏正一样不见籍载。张彦远《三祖大师碑阴记》曰：“沼行为禅宗，德为帝师，化灭，诏谥大辨，即东山第十祖也。”这里的“东山”无疑是指神秀法门，“十祖”自然是神秀一系所立。近年洛阳栖霞宫村出土唐代的经幢上仍有残存文字可以辨明，山门住持和尚大辨就是澄沼。澄沼的师承可能为宏正再传，亦有人认定为惠空、胜缘一类长老级别的普寂再传弟子。澄沼约在唐贞元初圆寂。在住寺 20 多年里，善信徒众或捐土地，或施财物，使得澄沼能以修葺寺院而树勋禅林。灭度之后，有德宗诏谥，门人为他修造了高耸的灵塔与丰碑。

大历至贞元年间住锡圣善寺的还有法凝与他的弟子如信、智如。法凝可能是义福晚年居住洛阳时所传的法裔，按《唐故天女寺尼胜藏律师坟所尊胜幢记》（今藏于洛阳古代艺术馆）记载，法凝时住严持院行持戒律。贞元十九年（803），法凝圆寂于圣善寺钵塔院，后迁葬于龙门奉先寺义福塔西。

法凝灭度后，如信（750—824）与智如（749—834）先后继任圣善寺钵塔院主，重复祖业，勃兴佛事，以至“法供无虚日，律讲无虚月”“人游我门，绕我座，礼我足，如羽附凤，如水归海”。大诗人白居易与法凝师徒久存法缘神交，写有跪唱法凝堂前的《八渐偈并序》，记述了法凝的“八言”教诲。

贞元以后北宗逐渐失去了官禅地位，风行两京百年的北宗由盛转衰。晚唐的北宗名僧在《景德传灯录》中仅见终南山惟政。

惟政（757—843），俗姓周，平原（今属山东省）人。早年依从本州（德州）延和寺诠澄法师出家，后于嵩山普寂处授得禅法，应为普寂的再传弟子。唐大和中，文宗将其诏入内道场，复令其住圣寿寺。武宗即位时惟政隐入终南山，唐会昌三年（843）卒于山舍。

与北宗情形不同的是，南禅的处境出现转机，势力自南向北扩张。到唐元和年间，洪州宗马祖道一弟子进入两京，南禅在朝野的地位则逐步盖过了北宗。

洪州宗由道一所创。道一（709—788）俗姓马，又称马祖，汉州什邡（今属四川省）人。幼年依资州（今四川省内江市资中县）唐和尚出家，从渝州（今重庆市）圆律师受具足戒。开元年间至衡山怀让处学习禅法，密受心印。

道一初在建阳（今属福建省）佛迹岭传法，后迁临川（今江西省抚州市临川区），再迁南康（今江西省赣州市南康区）龚公山。大历年间道一住锡钟陵（今江西省南昌市进贤县）开元寺，路嗣大帅曾亲自拜访，听受教诲。四方学者闻风而动，云集法座。唐贞元四年（788），道一圆寂开元寺，唐长庆元年（821）被追谥为“大寂禅师”。

道一门下英才辈出，入室弟子 139 人，其中以西唐智藏、百丈怀海、南泉普愿最为著名，号称“洪州门下三大士”。

青原宗虽自行思而始，但真正创立青原宗的却是行思亦弟亦徒的希迁。希迁（700—790），俗姓陈，端州高要（今广东省肇庆市）人。年轻时屡次阻止当地杀牲祭祀鬼神，一年救得耕牛数十余头，后到曹溪拜谒慧能，剃度出家。

开元十六年（728），希迁于罗浮受具足戒，又至青原山行思处补修。天宝初年（742）住衡山南寺，在寺东石台结庵传法。唐广德二年（764），门人请下于梁端，从学毕至，往来幢幢，以为湖南之宗主。

贞元六年（790），希迁圆寂，春秋九十有一，僧腊六十三。长庆年（821—824）间赐溢“无际”，塔曰“见相”。留有《草庵歌》与《参同契》两部著作千年传颂。门下法嗣多见史载，以药山惟严、天皇道悟、丹霞天然、招提慧朗、衡州道铣等最有名声。

马祖道一的弟子怀晖、惟宽、大义在元和初先后都受诏进入长安。

怀晖（754—815），俗姓谢，泉州（今属福建省）人。贞元初参谒马祖道一，顿明心法要领，遂潜入岨崃山修禅，不久便寓居齐州灵岩寺，又卜居百家岩，后上中条山（位山西省南部）传法，蒲津之人皆从其教化。元和三年（808），受诏入长安章敬寺，被安置于毗卢遮那院，并被诏入麟德殿赐斋。元和十年（815）圆寂，敕赐“大宣教禅师”。诗人贾岛为之撰文。

惟宽（755—817），俗姓祝，衢州信安（今属浙江省）人。初习天台宗，后从马祖道一修学。贞元六年（790）开始行化闽越，贞元十三年（797），住嵩山少林寺，贞元二十一年（805），相继传德洛阳卫国寺、天宫寺。元和四年（809），受诏入住长安大安国寺，元和五年（810），被诏入麟德殿问道。元和十二年（817），坐化传法堂，敕谥“大彻禅师”，塔号“元和正真”。

大义（745—818），俗姓徐，衢州须江（今属浙江省）人。元和年间曾诏麟德殿论义，为宪宗赞许，深受钦重。元和十三年（818）入寂，敕谥“慧觉禅师”。有《鹅湖大义禅师坐禅铭》遗世。

由于大义等人的努力，南禅在京都的影响越来越大。元和十年（815），扶风公马总牧岭南上疏为慧能请封谥号，宪宗追谥慧能为“大鉴禅师”，塔号“灵照之塔”，柳宗元应邀而作《曹溪第六祖赐谥禅师碑并序》。

“会昌灭佛”中，以禅教并重的北宗失去寺院和经籍所依，遭受了有史以来的沉重打击，从此一蹶不振，终于无闻。而不传文字又不依附寺院的南禅，则历经法难相继发展。青原宗传衍为曹洞、云门、法眼三宗；洪州宗传衍为沩仰、临济二宗，临济又分黄龙与杨岐两派，合称“五家七宗”。唐代禅宗的历史便由此改写，今天的禅宗唯有青原与洪州二宗后传。

变革今古谈

北宗由盛转衰，南禅由弱变强，其中有许多无法说清的原因。古人云南顿北渐，人走捷径，南宗本是嫡传；今人说北宗置身于官禅，南禅扎根在民间，高下已经分晓；学者言北宗固守教禅，南禅偏从心传，抛繁就简乃变革使然。笔者以为北宗是菩提达摩禅法的真正传承者，南禅是中国禅法的最初创造者，北宗与南禅的走马换位正是达摩禅向中国禅转化的结果。

这场变革的起因，是来自天竺的禅法在融入中国社会的过程中产生了变异，出现了不同的理解、不同的选择。究竟是沿着佛教大宗所走之路行进，还是执着于“教外别传”另辟一条新径，这最终成为北宗与南禅分道扬镳的标志。

大乘入楞伽經 卷五之七

新譯大乘入楞伽經序

唐 武則天 製

蓋聞摩羅山頂既最崇而最嚴楞伽城中實難往而難入先佛弘宣之地曩聖修行之所爰有城主號羅婆那乘宮殿以謁尊顏奏樂音而祈妙法因峯以表興指藏海以明宗所言入楞伽經者斯乃諸佛心量之玄樞羣經理窟之妙鍵廣喻幽旨洞明深義不生不滅非有非無絕去來之二途離斷常之雙執以第一義諦得最上妙珍體諸法之皆虛知前境之如幻混假名之分別等生死與涅槃大慧之問初陳法

《大乘入楞伽经》书影

自菩提达摩渡海东来传法，禅宗即依《楞伽经》以心印心，本身已具教禅并传的特色。虽然从菩提达摩至三祖僧璨，还一直保持着天竺禅宗的头陀行化，居无定所，行无走向，但是传到四祖道信时，已开始建置寺院，设坛传法，不再四处游化，同时，所依经典在《楞伽经》的基础上又增加了《般若经》，主张修习一行三昧，讲究坐禅念定。尽管这种念佛同净土宗有着自力与他力的区分，可是这毕竟是禅宗仿效佛教大宗走出的第一步。

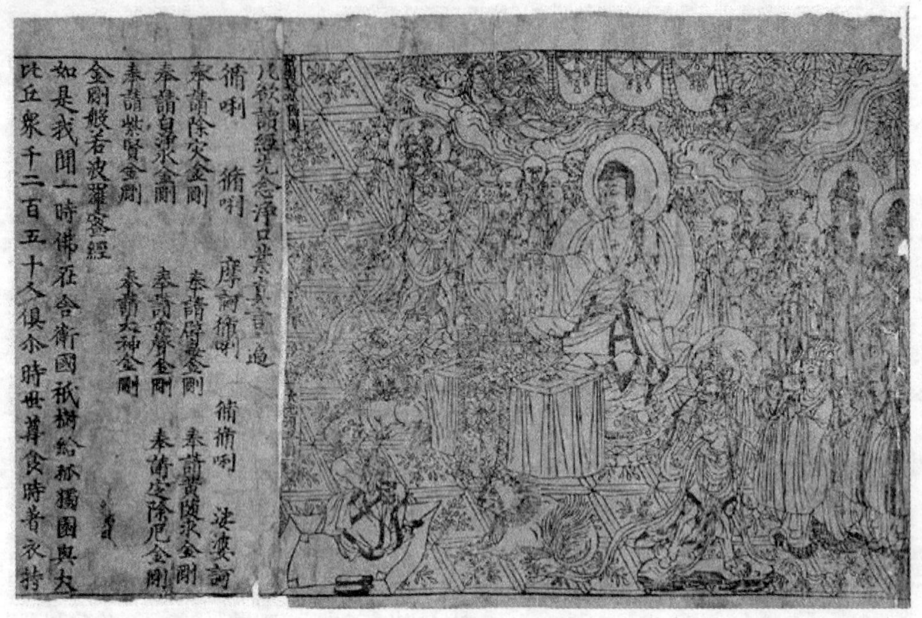

凡欲讀經先念淨口業真言一遍

修唎修唎　摩訶修唎　修修唎　娑婆訶

奉請除災金剛　奉請辟毒金剛　奉請黃隨求金剛

奉請白淨水金剛　奉請赤聲金剛　奉請定除災金剛

奉請紫賢金剛　奉請大神金剛

金剛般若波羅蜜經

如是我聞一時佛在舍衛國祇樹給孤獨園與大

比丘衆千二百五十人俱尒時世尊食時著衣持

雕版《金刚经》古印影

五祖弘忍的功绩在于开创了农禅结合的禅林制度，制定了与佛门教宗相似的禅林戒律，这是禅宗走向佛教大宗的第二步。晚年的弘忍开始关注生活于社会中下层的庶民百姓，以语句简明的《金刚经》取代名目繁多的《楞伽经》作为印心经典。他传授给慧能的《金刚经》心要，并密付法衣，也许是其最终的选择。

然而慧能在世时所传承的南禅却偏守一隅，在他入灭后的 20 多年里沉寂不显。与之相反的是，弘忍传承给神秀的以《楞伽经》为印心经典的北宗则大行长安与洛阳两京，成为官禅。神秀与嫡传弟子普寂、义福更是地位显赫，号称“两京法主，三帝门师”。普寂被敕立为禅宗七祖时还创立了北宗立教的理论系统，实现了成就佛教大宗的第三步跨越。

观心北宗义

如今从敦煌唐代遗本发现的《观心论》和《大乘五方便》可以看出，北宗确实继承了菩提达摩以来“观心”禅法，“特奉《楞伽经》，递为心要”，以“心体清净，体与佛同”立说，主张坐禅习定，依“住心看净”，作为观行方便。

如《观心论》言，“心者万法之根本”“惟观心一法，总摄诸行，最为省要”，这是达到觉悟境界的简捷途径。“观心”即以心作为观想内容的禅定，通过“观心”断灭人与生俱来的生理本能和自然情欲所谓的“无明之心”，除去“三毒”，以“净六根”。

“三毒”即贪、嗔、痴。贪指人的生理本能与自身欲望，包括贪恋人生、追逐物质与精神享受的价值取向；嗔指身处逆境、进取不利、欲望落空时所产生的不满与愤怒，以及由此引发的各种争斗和犯下的罪孽；痴指不明佛教义理，违背佛门教旨，贪嗔因它而发。众生缘此“三毒”，导致造恶不止、生死轮回、无有穷已。

“无明之心”所包括的诸多烦恼、情欲与众恶都是以贪、嗔、痴“三毒”为本源的，而贪、嗔、痴又是通过人的感觉与思维的“六根”，即“眼、耳、鼻、舌、身、意”表现出来的。六根所产生的“六识”（又称“六贼”），会引导众生造罪，发生恶行，所以，《观心论》提出的“制得三毒心”，便是“三无量善聚”，“三无量善普会于心”，即三聚净戒（大乘佛教戒律，包含摄律仪戒、摄善法戒、摄众生戒）成就。“修行六度”（即“六波罗蜜”，包括布施、持戒、忍辱、精进、禅定、智慧）便是净六根。六根清净，不染世尘，即出离烦恼，到达彼岸。

按《观心论》说，人的道德意识中有一种先天的觉悟基因，这就是人人都有的“真如之心”，或称佛性。它是芸芸众生相信佛教，能够觉悟成佛的灵根。“真如之心”是断除烦恼的无漏净心，而“无明之心”则是未除烦恼的有漏染心。一个不受烦恼污染，清净光明；一个备受烦恼缠裹，晦暗无明。两心在人体并存，但互不相生。前者引导人修心修善，超脱生死；后者则掩盖“真如”，为世俗情欲所牵，造罪作恶，不得解脱。因此《观心论》向世人宣示：“三界业报，唯心所生。若能了心，于三界中则出三界”（三界包括欲界、色界和无色界，其中除欲界外，其他在现实世界并不存在）；“恶业由自心生，但能摄心，离诸邪恶，三界六趣轮回之苦，自然消灭”（六趣指众生依生前的善恶行为，死后于天、人、阿修罗、畜生、饿鬼、地狱六道，或称六趣、六种轮回中转生）；“但能摄心内照，觉观常明，绝三毒心，永使消亡；闭六贼门，不令侵扰，自然恒沙功德、种种庄严、无量法门，一一成就。超凡证圣，目击非遥。悟在须臾，何烦皓首？”可见以观心、了心、摄心，“息妄修心”，达到现世解脱、即身成佛，确实是北宗倡导的修持方法。

《大乘五方便》又称《大乘无生方便门》，是唐代普遍流行的北宗禅法著作。主要内容是借助《大乘起信论》《法华经》《维摩诘经》《思益梵天所问经》（简称《思益经》）《大方广佛华严经》（简称《华严经》）等五种佛典经论，论说北宗的禅法主张，记述“观心”“看净”的坐禅方法。

五方便门是北宗妙用五大经论对本门禅法特点的会通，按宗密《圆觉经大疏钞》的说法即所谓“拂尘看净，方便通经”。

如离念门是依《大乘起信论》论释佛体含义，认为“离心名自觉，离色名觉他，心色俱离名觉满”“离心心如，离色色如，心色俱如，即是如来平等法身”。其意为离开心（无明之染心，现实精神世界）之妄想是自己觉悟，离开物（现实物质世界）之妄欲是使他人觉悟，物我两忘（离）便是觉悟圆满。离开妄想，心即真如；离开物欲，物即真如；心物俱入真如，即是如来佛之平等法身。这就是说，一个修行者如能抛弃物质与精神世界的种种诱惑，达到与空寂无为相契合的真如之境，也就得到了觉悟解脱。

智慧门是依《法华经》会通坐禅习定，开启智慧，认为“心不动是定，是智，是理；耳根不动是色，是事，是慧。此不动是从定发慧，方便开智慧门”。其意为心不动是离念，是智生理生；耳根不动是离身，是事生慧生。此身心不动是从禅定而生智慧，方便打开智慧之门。另外又特别指出，这是佛的开示，悟入要无间修行。

不思议门是依《维摩诘经》所言“不思议解脱”。主张“以心不思，口不议，通一切法，从诸解脱，至入不二法门”。也就是修行以无念为本，瞥然起心即是一种束缚，而不起心便是解脱。

正性门是依《思益经》引证诸法正性，认为“诸法离自性，离欲际，是名正性”。其意为修行者若能摆脱主观意识和世间情欲，就能见证“诸法正性”，得到解脱。是故“心不思，心如；口不议，身如；身心如如，即是不思议如如解脱，解脱即是诸法正性”，与菩提达摩之说“心不起是离自性，识不生是离欲际，心识俱不起是诸法正性”的意思完全相同。

了无异门是依《华严经》论说世间万物相融无间的道理，认为人的感官思维（六根）与外界的环境（六境或六尘）相即不二，清净与污染相融无异。如从六根入正定（摄心禅定），于六境中起“三昧”（亦即禅定），则意为根尘不二。了知无异，自然无碍解脱。故言“眼（心中眼）是无障碍道，唯有知见独存，光明遍照，无尘来染，是解脱道”。

从上述五方便门可知，北宗的“观心看净”禅法主要体现在“离心离色，身心不动”。“离心离色”是通过坐禅使人隔断感官与思维意识，除灭物质与精神方面的欲望和情感；“身心不动”是坐禅入定，使人的感官意识（六根、六识）虽接触外界（六尘），但不产生感觉、不发生思维，不再作分断（离念），修行者只要进入这样的境界便能获得无穷智慧，达到最终的觉悟解脱。

北宗的坐禅十分讲究，有一定的规范程序。《大乘五方便》文如此记载：

首先，禅堂大和尚（或为方丈）命修行禅僧下跪合掌，发四弘誓愿，请十方三世诸佛菩萨，教授三皈依、问答五项能与不能（当即授三聚净戒），各自忏悔。

然后对禅僧说：汝等忏悔竟，三业清净如净琉璃，内外明澈，堪受净戒。菩萨戒，是持心戒，以佛性为戒性。心瞥起，即违佛性，是破菩萨戒；护持心不起，即顺佛性，是持菩萨戒。

接着，命禅僧各自结跏趺坐，入定观想。

依此持续不间断地坐禅看净，使心识做到“湛然不动”，了知虚空无一物，体认一切皆“虚妄”，最后“一念净心，顿超佛地”。

北宗禅法在贞元年间又有不断完善与发展。大诗人白居易所写的《八渐偈并序》真实记述了圣善寺法凝的“八言”。如白居易云“一言一偈”：

观　偈

以心中眼，观心外相。
从何而有？从何而丧？
观之又观，则辩真妄。

觉　偈

惟真常在，为妄所蒙。
真妄苟辩，觉生其中。
不离妄有，而得真空。

定　偈

真若不灭，妄即不起。
六根之源，湛如止水。
是为禅定，乃脱生死。

慧　偈

慧之以定，定犹有系。
济之以慧，慧则无滞。
如珠在盘，盘定珠慧。

明　偈

定慧相合，合而后明。
照彼万物，物无遁形。
如大圆镜，有应无情。

通　偈

慧至乃明，明则不昧。
明至乃通，通则无碍。

无碍者何？变化自在。

济　偈

通力不常，应念而变。

变相非有，随求而见。

是大慈悲，以一济万。

舍　偈

众苦既济，大悲亦舍。

苦既非真，悲亦是假。

是故众生，实无度者。

白居易画像

依《八渐偈并序》所说，“观”即以心中眼观心外相，辨别真妄，排除妄念；“觉”即本觉，为妄念蒙蔽，除去妄念，便是真空；“定”即禅定，妄念不起，六根不动，乃为生死解脱；“慧”即智慧，由定而生，用之于定，定慧相济；“明”即明了，定慧相合，合而后明；“通”即通达，因慧至明，有明至通，通则无碍；“济”即普济，应念随求，济度他人；“舍”即舍弃，众生度尽，舍弃苦悲，同享极乐。

由以上八偈可以看出，法凝的学说已在北宗心体本净的认知上进一步强化了心体内证的作用。如《观偈》《觉偈》《定偈》三偈提出的，“以心中眼”观心外相，本心不灭，妄即不起，六根不动，即入禅定，确实是在刻意突出本心的功能。《慧偈》《明偈》《通偈》三偈则以定慧相济、定慧相合、合而后明、明至乃通、通则无碍，给出了新的定慧相依关系，这在以往的禅宗文献中似无所闻。

藉师南禅延

与北宗教禅并传不同的是，南禅在向天竺南宗返璞归真，开创这一先河的代表人物是南禅创立者曹溪慧能。

慧能依禅宗“不立文字，教外别传”为据，取消了印心所依的一切经典，即便是弘忍传给他的《金刚经》心要，亦不再传。留给弟子的没有其他佛家典籍，只有一本《六祖坛经》，是门人法海笔录他的讲坛说法。这是中国禅宗史上一个巨大的变革，从某种意义上说就是对菩提达摩以来所传禅法，特别是北宗禅法的一场革命，使得藉教证悟的如来禅变为藉师自悟的祖师禅。

曹溪宝林寺

这场变革是慧能禅法独立门户的开始，也是简便易行的南禅步入民间的发端。慧能禅法既不强调诵经、讲经，又不讲究坐禅习定，实行农与禅结合，出家与居家相间，故易在社会底层流行。禅法主张顿悟，以“明心见性，见性成佛”为特色，不立文字，直指人心，从而彻底否定各种烦琐的修习方式和修行仪轨，摆脱一切清规戒律的束缚，实现无修的顿悟和顿悟后的无修。

慧能的革命化转向，在当初并未取得很大成功，以至沉寂了 20 多年，直到唐开元末，达官贵族仍把南禅视为不可思议的另类。开元二十八年（740），王维以侍御史担任南方科举选官，过南阳住临湍驿，曾见慧能弟子神会。在听到慧能之说“众生若有修，即是妄心，不可得解脱”时，竟然惊愕不已，称道：“大奇。曾闻诸大德言说，皆未有作此说法者。”在旁边的口太守、张别驾、袁司马也称神会的佛法“甚不可思议”（见敦煌本《神会语录》）。

神会北上夺嫡，作出“南顿北渐”之判，认为南宗禅法主顿，北宗禅法主渐。但《六祖坛经》对顿渐的解释则是：“法本一宗，人有南北，法即一种，见有迟疾；何名顿渐？法无顿渐，人有利钝，故名顿渐”。其意明显是说法无顿渐之分，顿渐只是因人而异，区分出彼此而已。北宗普寂对悟觉真如亦这样讲，“或刹那便通，或岁月渐证”，可见慧能与普寂所说的顿渐大都是指人的根器差异来说的。

神会所谓的“顿渐”是作何指呢？在南禅看来，北宗的“观心看净”禅法需要“断妄心，净六根”，才能最后达到解脱。而南禅认为无须“息妄修心”，只要“明心见性”即可顿悟。其实说到底还是一个对于中观学说“相即不二”和《华严经》“世界万有，圆融无碍”理论的利用问题。不同的理解产生不同的认知，当是所谓的顿渐之分。

神会对慧能与神秀禅法的评判，在南禅内部也有分歧。同为慧能弟子的慧忠，则是顿渐并重，强烈抨击神会的说法。马祖道一与“石头和尚”希迁也不完全赞同神会的观点，但神会传承的确实是慧能禅法，以“无念”为宗，主张“知见”解脱。神会一手挑起的“南北之争”，原本北宗致力于行，南禅注重于知。区别是北宗由定发慧，南禅以定摄慧；北宗以修觉悟，南禅无修自悟，即所谓“无师之智，自然而通”，与道家传统的“道法自然”同为一理。

事实上神会的荷泽宗和顿渐之说并未得到当时佛教界的认同，甚至被视为异端邪说予以讨伐。到四传法嗣宗密时已是“尤难言述”，不提顿渐，甚至在《圆觉经大疏钞》中提出顿悟后仍需渐修。

马祖道一与“石头和尚”希迁两大宗系是慧能禅法传承的主要力量。道一禅法主张“平常心是道”。他运用《楞伽经》义理，以“佛语心为宗”把“即心是佛”“万法性空”“三界唯心”等理念融入其中，使禅法更贴近世俗民间，也易为北宗僧俗接受，从而促成了慧能祖师禅向马祖禅的分灯。道一是一位精通佛典并善于研究的人物，他的禅法又明显向北宗靠近了一步。

“石头和尚”希迁在看待禅法顿渐问题上有自己独到的见识，如其《参同契》所说，“人根有利钝，道无南北祖”，完全否定了神会的评判。他另辟蹊径，广搜博取牛头禅、华严宗及道家诸说，独创一种万殊诸法之间互不相犯而又相涉相入的“回互”理论。以这种理论导入禅观，一切事理便在往来转化、圆融无碍中得到体认，达于“即事而真，平等一如”的境界。在南禅各大宗派中，希迁禅法极富哲理，后与坐禅结合更形成一大主流。

晚唐时期的南禅仍讲禅法顿悟，但禅教结合的佛学主流最终还是让不依经典的南禅出现了理智回归。不过禅宗的历史已在变革中改写，只是南禅北宗之间孰是孰非已无人能够说清。

第五章 寺之僧

往来化感寺的僧人大都与禅学有缘。从佛法的顿悟到心学的钩沉，从相师念定到立坛传法，不少知名大德乃至帝师由这里走出，在历史上写下了闪光的一页。

道生说顿悟

道生碑刻像

禅学以“人人皆有佛性，只要顿悟即可成佛”为特色，创造这一理论的是曾在蓝谷弘法的道生。

道生（355—434），本姓魏，钜鹿（今河北省平乡县）人。幼年时非常聪颖，领悟事理，若有神助。父亲知其非凡，更是分外爱怜。后遇名僧竺法汰（320—387，道安师弟，庐山慧远师叔），改俗皈依，出家为僧，随师姓竺。

自进入佛门，竺道生即富于奇思妙想，研读经文句义常能自己品味理解，故在志学之年（指 15 岁，出自《论语·为政》）便登上讲座。他谈吐问辩，言辞清丽，如同珠玉。使时之学僧与当世名士，也心生忌惮而不敢应对。到具戒年龄（一般指 20 岁），见识日益深远，处事机警，神气更为清穆。

为实现自己的志向，道生于东晋隆安年初，至庐山慧远处修学，在此幽栖山林 7 年。他常以“入道之要，慧解为本”激励自己，所以钻研群经，斟酌取舍各种杂论，哪怕万里随法也不辞疲劳受苦。

东晋义熙元年（405），道生携同慧叡、慧严、慧观等一行 7 人前往长安，从鸠摩罗什受业。

鸠摩罗什十分看重道生的才能，让道生在译场担任校译。译场大量的经典为道生广取博通提供了难得的资源，而与鸠摩罗什接触，聆听教诲，研讨经义，则使道生学识精进大长，最终成为一位著名的涅槃论师。

道生在译场前后 10 年，以神悟卓识名扬关中，被誉为鸠摩罗什门下“四杰”“八俊”“十哲”之一。义熙九年（413）鸠摩罗什故去，次年译场在战乱中关闭。道生见道法难续，欲返江南，遂携带大量经典来到道恒弘法的蓝谷。

道恒与道生原是译场旧。两人志趣相投，一起弘法写经，足迹遍及蓝谷南北，留下“圣僧写经，飞鸽添砚”的千古奇闻。出自北宋《文房四谱》的故事是这样写的：

相传晋末蓝谷古寺有位奇异的写经僧人，他的道行深不可测，对《涅槃经》尤有独到的见解。一天他依寺内僧众的要求，在云崖边的亭阁上摆好书案笔砚，开始心神专注地抄写《涅槃经》。也许是他的精诚感动了云外的群鸽，飞舞的群鸽翩翩而至。这些鸽子一会儿下到崖底去吸取泉水，一会儿飞到亭阁上吐水添砚，一日往返三次竟然不误时辰。这一奇妙的现象一连持续多日，引得周围四处僧俗相互结伴前来观看，一起赞叹古寺有灵瑞显现。不过这位僧人对大众的到来似乎置若罔闻，依旧聚精会神，执笔疾书。直到数天过后经卷写完，群鸽散去，他方才和大众合十见礼。写经僧的奇遇令古寺僧俗欣喜不已，经书刚一写成，便被众人尊奉为圣僧。大家纷纷拜投他的门下，就学佛典义理。

道生在蓝谷的 5 年时间，虽多住在悟真寺里，但化感寺林幽寂静，亦是他夏日常住和清修的居所。

义熙十三年（417），道恒不幸故去，道生仍滞留蓝谷。又过两年道生由蓝谷南返，元熙二年（420），回到东晋都城建康。

到建康后，道生以当时的佛门学匠受到礼遇，请住青园寺。青园寺是晋恭思皇后褚氏所立，原为种植青菜之处，故有青园之称。不久南朝刘宋代晋而立，太祖刘裕与文帝义隆对道生深为感叹，愈加看重。

一次太祖开设法会，同众臣在地上摆好筵席。食品放下很长时间，众人都疑虑日色已晚（时过中午而食犯戒），太祖却说："始可中耳。"意为"刚到中午"。道生闻言，应声指天道："白日丽天，天言始中，何得非中？"此句意为：正当白日丽天，上天暗指太祖说了刚到天中正午，谁说不是正中？接着，他取出钵盛食便吃，众人见此一同相从，莫不叹服道生机敏善变，应对得体。时之名士王弘、范泰、颜延之也都一齐礼敬道生风范，从其参学问道。

自此道生潜心沉思，日久彻悟言外之理，乃感叹地说："物象可以尽人意，人得意则忘物象；言语可以诠释事理，人得事理即言语息止。自经典东流，翻译的人受重重阻碍，多循守停滞在文句上，鲜见圆融义理。好像捕鱼忘筌（一种捕鱼用竹器）一样，只是说说而已。”于是他校阅真俗二谛经籍，研思事理因果，从而立“善不受报，顿悟成佛”说，又著《二谛论》《佛性当有论》《法身无色论》《佛无争土论》《应有缘论》等笼罩旧说，尤妙有渊深旨义。

然循守文句之徒则多生嫌疑嫉妒，与道生争辩之声纷然竞起。当时六卷本《泥洹经》先传到京都建康，道生剖析经义，洞察幽微，便说：“一阐提人皆得成佛。”这在当初大本未传之时，确实是“孤明先发，独见忤众”，因此旧学势力以为是邪说，讥讽泄愤由此滋生并逐日积聚，道生遂被大众弃而遣出。走出青园寺时，道生在大众面前正容发誓：“若我所说与经义相反，请让我现身即染疠疾；若与实相不相违背，愿我舍寿之时居于师（狮）子座上。”言罢，拂衣出游。

离开建康以后，道生一路东行。初投吴中虎丘山，不出10日，学徒数百。传说道生在虎丘讲《涅槃经》，曾聚石为徒，当说到一阐提人也有佛性时，顽石皆为点头。

道生离开青园寺不久，青园寺便传出惊世异闻。其年夏天，雷震青园佛殿，有龙升腾于天，光影映照西壁，寺院因此改名号龙光寺。时人感叹道：“龙已飞去，道生肯定要走了。”后来大本《涅槃经》40 卷（北凉译本）传至建康，内中果有一阐提人皆有佛性，这与道生以前所说完全相符，至此众人方才信服道生神鉴。

南朝元嘉七年（430），道生重回庐山，销影匿迹于云崖岩岫，山中僧众都十分敬服。大本《涅槃经》到庐山后，道生即开法席讲说。元嘉十一年（434）冬，十一月庚子日，道生在庐山精舍讲法座上，端坐而卒。其脸色如常，似若入定，道俗嗟叹，远近悲泣。消息传至建康，诸僧莫不内心惭愧自疚，想到道生离开青园寺所发之誓，更追怀信服他的神鉴以至有如此舍命法座的征兆。

道生故后葬庐山之阜，有名士王微为之立传。名僧道琳所做的《道生法师诔》，更是把道生阐释经义的功绩与领袖道家玄学的巨匠相提并论。作为著名的涅槃论师，道生传有弟子道猷、僧谨，承继道生诸义的有刘宋之宝林、法宝、道慈、法瑗，萧齐之僧宗，萧梁之法朗等。

道生一生著述很多，见于籍载的有《维摩诘经》《法华经》《泥洹经》《小品》等诸经义疏和《善不受报义》《顿悟成佛义》及《二谛论》《佛性当有论》 等各种论义，可惜大都散佚。

综论道生功绩，最为杰出的贡献在于融会《般若经》空观说和《涅槃经》佛性说的旨义，赋予体现在众生内在本性之中的法身、法性、实相以佛性的概念，让佛性成为众生的一种本有，使得一切众生“人人皆有佛性”，从而以此为基础推出顿悟成佛新义。同时，他又依中观学说论说“善不受报”，反对贪图善报而修行，并提出“生公四轮”判教观，即善净法轮（《阿含经》）、方便法轮（《般若经》）、真实法轮（《法华经》）、无余法轮（《涅槃经》）。这些论述亦为后世判教之渊源。

灵润崇心学

灵润，俗姓梁，河东虞乡（今山西省永济市）人。出身仕宦家庭，乃乡里望族。灵润为人处事弘达刚毅，又善于统筹全局。少年时他就在谋划长远目标，考虑承继先祖余烈，干一番大事，故能在世间品性高洁之人中居有一定地位。

灵润家中一共有兄弟 10 人，都因长相秀美而受到人们的赞誉。当时兄弟中间有 3 人羡慕佛法，希望能够出家。父亲就对他们说：“诵《观音经》，能先熟读理解的，我便允许他去。”灵润拿起经卷就读，一坐不起，从早上读到中午，他非但文句通熟，所言亦能理解，于是父亲便当众应允他出家。

大兴善寺

灵润出家依止灵璨法师，住长安大兴善寺。灵璨乃净影慧远的门人，慧远卒后敕补众主之位。13 岁时，他初听《涅槃经》，便能妙通经文旨义，不到 15 岁时，已能融会以前所学，囊括领悟旨义理，并登讲座宣释教义。各分科宗主、时之英才都很欣赏他的德行。当时皇朝钦定行禁，无论动静以安为要，不妄自出游成为规矩，所以聚集兴善寺的海内大德名僧皆相顾而言：“此沙弥日后发迹能担任住持了。”从此以后，他一心追求佛门至道，遍瞻群师。遇有可纳入自己神府（心中）的见闻“当即斧藻人法，圭璋解行”，并理其本源，明其成败。

仁寿年间，敕送舍利至怀州长寿寺，灵润随师一同前往。一路之上本有官供驿站乘骑，灵润却乞食步行独自不受供给。到了怀州，远近道俗都佩服其精通佛理，敬仰他的行为规范，所有皈依戒行均以他为例，这使灵润在河北（黄河以北）名动一时。后来灵润听说泰岳灵岩寺僧德肃清，为四方效法，就依杖策马前往造访。当目睹确是名副其实，遂相从咨询，接受训导。在寺内他潜心修习般舟三昧，道行禅定，不分早晨还是黄昏。起初三七日，对此略有疲惫之感，但过后便顿忘倦意，从而业精勤励直到夏末。其时同修僧侣 500 余人，各自打坐并互相敦促勉励，但等到解坐之时修行者已经无几，唯独灵润情志不移，秀出士林，众人皆用溢美之词称赞他的佳绩。

道奘法师以讲解《摄论》而扬名泰岳渤海，灵润仰慕又前去青州（今属山东省）道藏寺寻访。其时灵润尚未具戒，但早已名声飞扬。周游法席使他文义圆通，向人问难的深微堪称传自原旨，所以与道奘同席，已是心里相互敬佩。既从师承学，即奉道奘为和尚，依道奘受具足戒。大戒以后又钻研戒律与司行，《十地》诸经则略观文体。

灵润自入佛门后就很少与亲族往来。游学河内与泰岳时，他的父亲任青州益都（今山东省青州市）县令，外祖父吴超任怀县县令，堂祖父吴同任齐州山荐（今济南市境内）县令，姨夫侯援任曹州金乡（今山东省济宁）县令。这些宗族的内外姻亲，灵润在肆游其地或因事路过均无一造访。即是生缘背丧，有伤悲慕邀前往的，若闻风传，也不登门践行。

灵润 23 岁返还京城后，仍住大兴善寺。正逢志念法师弘讲小乘之论，为博观心智之海，他也前去听讲。辩相法师学兼大乘小乘，摄论

初兴便盛显麟角，朝野声闻。当时在净影寺创演宗门，造经疏 5 卷，登座敷述，听众 500 余僧，附义者达 200 人。灵润初为师表，即创誉讲席仗祖习典籍博知异闻，奋起而发奇论，引一座皆惊，侧目相看。当时登场的有辩行法师，机变论说难以比拟，但处在众人对灵润的赞叹之中，也只能高声称谢而敬慕忌惮。灵润虽在帝京背负盛誉，而神气怡然自得，即便有讥讽诋毁传到耳边，亦似若无闻。以道镇心，情无喜怒，处末法时能有所寄真是诚为可嘉。

隋大业初年（605），京城暴发风疾，灵润也受感染。愈后原想精心于新业，又恐报命（此轮生命）倾覆旦夕之间，不能信守自己本愿。考虑到讲法导引世间流俗，往还过于繁杂，灵润遂脱离略去人事牵绕，归隐清闲。

灵润离开京城，游化南山一带。西至沣（河）鄠（今陕西省西安市鄠邑区），东到玉山，游居化感寺，依寒林头陀为业。与灵润一同出离京城者还有空藏、智光、智信等知名僧人。在修头陀苦行中，灵润常行走深林野旷，偶与虎狼相遇，均能心定安止，从无所惧。即使身处丛冢坟茔，为鬼神所扰，亦能独体清寂，宴坐如空。

大业中期，朝廷不许僧人外出，灵润遂回到兴善寺中。他在寺里托身西院，独居静处，以助行业，日进一食，即入净地。他常讲《涅槃》众经，有慧定禅师等皈依受业，一起修课。如此 3 年不出院房，结交僧侣日渐增多，落得业行清正，名震僧众。

时有僧粲法师，自号三国（齐、周、陈）论师，一寺顶盖，辩说锐利无前，足以抗衡京国。得知灵润举行法会消息，便率翘拔人望的 50 余僧前来参加，详听宏论，领略风采。来人都提问玄隐之义，灵润领头酬答。在座之人听他评判后，鸦雀无声，一片冷寂。大家都欣赏他的妙言巧语，能如此符合经典旨义。尔后，他的誉传如同光照，僧众也因之会聚相从，以至定业传世，亦流灵润法味。

隋大业十年（614），灵润受诏入鸿胪寺，与静藏、神迥等一起教授三韩（新罗、百济、高句丽）和倭国（今日本）的学生，并在兴善寺翻译新经，同时带领僧众承其定业。

隋末之际，社会动乱，道法难继，灵润遂到蓝谷，隐潜化感寺中。在这里担任上座，首尾15载，足不涉世，离经专修，一心定业。只有众人相请时他才开讲，展示不为人知的秘闻。春秋两季是灵润安排的坐禅入定时段，仪轨仍遵以前处静操持。

沙门志超乃禅林人杰，唐立国之时到达，听说灵润居化感寺弘传心学，即领弟子闻风参访。灵润与他们志趣相合，一见如故，等同旧交，即相互为师，共习禅定，欣从“言语俱断，空寂静默”。当时天降饥馑，道俗一同沾及受饿，唯有化感寺一家独自招待宾客僧侣。灵润与寺主道信安排寺内磨谷为饭，凡入寺道俗一律菽麦均等。同时，昼夜策勤，致力弘道，以为己任。故四方仰慕，归者如云屯集。就这样周济赡养不论精食粗饭，均无损僧人学法，大家共餐菜果遂达一年有余。

唐武德七年（624），寺主智信被人所告，官府使人围寺，大显威权。灵润为来使设席，细问原因，得知为人诬告，遂朗声道：“我等山居行道，心里不负物赐，凡是圣贤都会知道，这绝非他人状告所言。”来使闻听，逾加大怒。正待发作，忽见大风扬起，雷声震天，山崩树折，顿时将来使巾帽吹落座席，飘荡异处。围寺人众突见此状，尽皆丧胆，纷纷祈求，悔其罪过。灵润说：“施主有福，能感动幽冥，这样的瑞祥征兆以前从未有过。”使者闻言深感惭愧，一场纠纷便由此化解。

唐贞观初，一次灵润和众僧登山游览，突然野火从四面烧起，众人一下奔散，只有灵润仍在安然行走，如平常一样只顾登高，等火烧到灵润身边，便自然熄灭。灵润对众人说："心外无火，火是由心而来。所谓火来了就逃，自然没有理由免去火患。"

居化感寺期间，灵润以化度诸方而道声载路，长安兴善本寺也因此敬奉他的芳尘行迹。贞观五年（631），灵润为会昌寺上座昙藏推荐，大兴善寺上陈朝廷，太宗敕请他回寺充任。从此灵润便不在志守山林定业，离开化感寺到京城担任大兴善寺住持。

贞观八年（634），敕置弘福寺追思太穆皇后。贞观十九年（645）玄奘回国后在此译经，太宗复诏灵润入寺担任翻译证义。凡遇到词理有碍的地方，由他定格文言进行校正。在一起证义的同人中，以灵润居于最上，京邑佛门唯他堪称杰出。

在弘福寺时，有一僧人因事奉敕还俗，但事情处理一毕，又情愿出家。寺内几名大德见此情形，于是连名同举，使这一僧人重得荐度。不料此事被太宗知道，下敕深责，令将涉事之僧贬为南裔，发配驩州。当时诸僧遭受此创，伤别帝京都悲痛欲绝，唯独灵润神态安然，仪容自若，告大家说："三界往还，由来恒理，敕令修道，有何悲泣！"。遂拂衣东赴，欣然而去，道俗闻睹莫不叹服。此话传到朝廷，太宗遂敕改至洛阳以东安置。

灵润于郑魏（今河南省中部）一带行化，负帙（线装书籍）排筵，弘讲《涅槃经》十有余遍，阐解奥义，如泉飞流，惠及河洛。在传给京城门人疏中，他这样写道："我今东行，大略有三益，一酬往日遭遣，二顺厌生世间，三成宗法大行。我有过去累罪，蒙上天慈悲给予责备，今天已见酬报，则累罪转灭。唯有增加心里喜悦，有何所忧呢？愚夫痴爱尘世随处可见兴起，正智不屑于此而厌恶尘世不再重生。净秽两境虽同号大空，但凡是圣者有情都惟说觉性，悟觉空寂平等是何等显著啊！自度与度人都是利益之道，推举人出家便是依道利物。愿在三有普济四生，常无退转。三益如上所说，你等宜知。各自调理根基，听取诤言，事业与善行能长此以往，吾便无所顾虑了。”仆射房玄龄见了，深受感动，叹息地说：“大师树言，词理俱至，名副其实，真是众望所归啊！”不久太宗敕令灵润回京，还住弘福寺里。

在净影慧远所传的涅槃门中，灵润作为领宗人物，是当时弘传扬化《涅槃经》正义的唯一一人。他身长八尺，体形魁伟，器质雄奇，雅量高致，为人动静温和，善于结交联络。一生讲《涅槃经》70 多遍、《摄论》30 多遍，并各造义疏 13 卷，写下扬其玄义宏章 5 卷。身边自留经论《维摩诘经》《胜鬘经》《大乘起信论》等，随缘便讲，且各有注疏。只是时代变迁，今已失传，唯有日本《法华秀句》见存少量灵润语录。

传承灵润宗义的有弟子净元与智衍。净元神智高远，博通诸家要义理。讲释经论屡见史籍记载，且因善辩明解而享誉长安学门，加之性爱林泉弃诸名利，破衣粗食谈玄为本，故得时人仰慕。其立义以灵润之宗，志在寻求转解，所传之风靡于当时。沙门智衍犹如灵润亲子，自幼随灵润入化感寺，勉学传宗。其承明词义，深有领会，常讲《摄论》与《涅槃经》。后住蓝田城东南隅法池寺，又统律司而为学匠，在当时极有声誉。

灵润生卒，失于史载。从灵璨隋开皇十七年（597）敕补众主时间分析，生年不会迟于开皇四年（584），唐道宣《续高僧传·灵润传》未载生卒，是因灵润当时在世。唐代蓝谷沙门怀信在《释门自镜录》记，唐显庆五年（660），高宗造西明寺，曾着人找灵润详择人选，另外其年八月还在玄法寺讲《涅槃经》。可见灵润在显庆五年（660）仍然在世，卒年不过《续高僧传》修订下限唐麟德二年（665）。

志超习定行

志超（571—641），俗姓田，同州冯翊（今陕西省渭南市大荔县）人，远祖时寓居并州榆次（今属山西省）。

志超少时便智慧过人，成年以后精心磨砺以至不群，且风雅大度远近皆知。志超没有兄弟，二老指望他承嗣宗族，遂让他随从儒流，遍览群书。但志超一直厌恶尘世想出家修行，二老见此情形便私下聘礼，为他订下亲事。成亲当天志超逃进野外树林，家族亲戚四下寻找，才把他强扭回家，为其举行了婚礼。志超虽结伉俪，但合卺之夜却不同床。客人散去后，俩人关上房门。志超从床头抽出毡铺垫于地，让妻坐在上面，自己则躬身上床，俨思静坐，为妻说人生解脱之法。其言辞恳切，用意显明，妻听后流泪礼谢，答应不再拖累他。如此过了数年，二人从未同床。志超虽屡被劝说，仍不忘其志。二老见诸般努力均于事无补，只好放弃，同意他出家。

27 岁时志超投并州（今山西省太原市）开化寺，从慧瓒禅师修学。慧瓒（536—607）收徒务求德为清明，行成僧范，未展现前总是历试诸般苦难。志超心洁身正，勤履众务。当时与百余僧徒共做杂役五行，常备两食，六时无缺，每有苦役必一身当先。慧瓒亲阅自验，见到志超遵节守度，便为志超授以具足戒。

开化寺

受戒以后，志超自寻

戒律，专修行仪，即往定州（今河北省定州市）习律。在定州他博采律藏，取其精要，删其繁杂，自成要集。未满 5 年三教（或为性空、相空、唯识）论义备齐，即返故乡综合研修。

回到并州，志超入太原西面的比干山，栖身岩豁山野，招引英秀之士，聚众弘法，创立了比干山禅林。从此他早晚勤修，定慧双启，四仪（即行、住、坐、卧四威仪）托于戒律节度，二行（即见行或见惑、爱行或爱惑）但凭禅法修持。当时学习参观的人很多，志超不加威仪亦纪律严肃，以至求学之人不分远近，闻风而至。

隋大业中，政令严明，禁僧游化，接二连三的告示张贴寺门，不许僧人外出。志超见此十分愤慨，他写好上谏，披起法衣执着锡杖直到郡城，希望将此谏上陈朝廷。而郡府官员私下商议后，并不予以理睬，于是志超便到江都（今江苏省扬州市）陈报。但内史以为此事不属要害，无关大事，便不为他通报引荐，派人把他遣送回并州。

隋末，社会动乱，贼寇交横，民流沟壑，死者大半。志超在山中集结徒众，规劝大家相聚同修，当时尚有余粮，一些人恐惧盗贼相欺，欲各奔东西。志超虽以禅法劝诫，但一时无法改变他们的想法，便说："镜业已临，逃向何地？"（镜业喻心彻如镜的定业）众人见志超诚意期待，遂爽性回心，仍按仪式禅礼，课时不再间断。

有一天，志超与徒众夜里坐禅，忽然一群贼人破门而进，只见火把乱舞、白刃相交。可是当贼人走近看时，见到的却是一模一样合掌端坐的仪像。他们一下被众僧的镇定所慑服，连忙弃刀投杖拜伏于地，谢罪皈依。志超便因人而异，善诱引导，分别授法，使他们都从心里敬仰，合掌而退。

大业十三年（617），唐高祖李渊在太原起兵，四方响应。志超唯以道在生灵，义起应为百姓造福，即率僧侣前往，住太原凝定寺。相从禅学僧侣数百，清肃成规，道俗钦承，贵贱恭仰。

隋义宁二年（618）四月，李渊取得长安，平定三辅。志超又从太原带领弟子 20 多人至长安，奉命庆贺李渊登基。李渊素知他有嘉望，待他有若神仙，引他登临太极殿叙话，殊礼有加。左仆射魏国公裴寂力挺志超，特在其宅第中另置别院，诚邀志超与其徒众居住。

历经一个寒暑，志超道业履新益进，但深处私宅每为贵门族眷游访喧闹，难与外界皈依之人接近，使他感到必须附归山林才能光大前程，以慕高远。

时有蓝谷化感寺沙门灵润、智信、智光等，“义解钩玄，妙从心学”。志超与他们“同气相求，宛然若旧”，便毅然移住化感寺中。化感寺道风清纯，贤圣之间语默相契，僧侣之间相互敬重，大家一同致力于坐禅念定、弘扬道业，故得道摄尘缘，法传人聚，赴者如云。

在这里志超与各位名僧，相师念定，甚感志得意满，不觉间过了 3 年。这时不断积聚的人气使得禅林逐渐失去了往日的静谧，有了人满为患之虞，而临近蓝谷官道的地理位置又使这里不时有南北往来的过客与仕宦造访。考虑到“修业弘法，意在度人”，志超遂决定离开化感寺重返故地晋川。

唐武德五年（622），志超入介山（位于今山西省介休市）聚集禅侣，创立禅林。禅林所在的山岩，名曰“抱腹”，四面有涧，下望百寻（一寻等于 8 尺）深谷，上临千仞（一仞等于 7 尺）高峰，可谓“泉石结韵于仙室，风雨飘清于林端”。凡来此者莫不抛却尘念，重铸净心。

继山岩禅林之后，志超又于介休县治所设立光严寺。寺院内各种殿宇房廊均由他自己亲躬建造，建筑整体赫然高耸，宏伟雄壮，有若神宫。此后，志超便安排道行深者居山岩禅林，道行浅者入光严寺修学。

志超一生每以自强诲人，请益无倦，待人严肃，惟业是诚，常聆音察色，觅其不足。晚年忽而染疾，自知不久，便屡次告诫徒众，要勤奋做事，并示以祸福。唐贞观十五年（641）卒于光严寺，春秋七十有一。道俗伤悲，禅林齐恸，安葬城南山阜。

作为一名禅林的代表人物，志超的奇闻逸事不乏史载与当地传说。据唐道宣《续高僧传》记，武德七年（624），抱腹岩僧徒已有百人，志超还要开办大斋。麦只有六石，一天要用五斗。可从春至夏，不知取了多少，仓库里仍未用完。大家感到奇怪便去检查仓库，见仅用两斛（一斛五斗）。

绵山正果寺

按介休当地传说，志超来到介休，佛祖现身要他去绵山建寺。据说，此地原盘踞五条毒龙和它们的母亲，五龙与母同志超斗法失败，让出了绵山的地盘。志超在山上建立了正果寺。有一天，志超听说唐皇李世民要亲自前来拜访，他有意避而不见，便盘膝圆寂。李世民到绵山惊闻此事，十分伤感，忽见天空出现“空王佛”三个金字，遂以天相御赐志超为“空王佛”。

这些传说近乎神话，然到20世纪90年代，志超的传闻更令世人惊奇。1996年介休市绵山镇冀家庄村长李金锁等人，竟在云峰寺发现了被认为是“空王佛”志超的包骨真身。包骨真身共15具，置于15尊塑像之中，现为研究绵山历史文化的重要文物。由此可见，志超在当地民众之中至今还有广泛影响。

道岳弘俱舍

道岳（568—636）俗姓孟，河南洛阳人。出身儒学世家，9岁读《诗经》《易经》《孝经》，聪敏强记，卓识博闻，不同一般。父亲名暠，为隋时临淄县令，以治理有方而政声远扬。有隐士西门义，博古通今，独具知人之明。暠遂召自己诸子绍、续、绩、旷、岳、略等，依次列于义前，让其指点。义说："府上六子，确有伟人根器。从长子到三子，以后可任州县之职，为何家里不约束呢？下余三子，以后志向远大，德行崇高，会倾心神道，求解于言语之外，不是尘世间人所常谈的。"后来，兄旷17岁出家，操行坚贞固持，志怀一如明约。善讲大乘诸论与《摩诃僧祇律》，深明心镜空有，以禅观之法著名。后住洛阳净土寺，人称明旷法师，有学徒百余人。弟明略19岁出家，身长7尺有余，志悟远达，仪容清肃，善讲《涅槃经》，住洛阳天宫寺，学人集聚，有名于京洛。

道岳15岁出家，依僧粲法师为弟子，学习大乘经论。他少年好学，常以询问经论为乐趣。具戒以后研习律部，养成一种与世无争的谦和性格，即使途中被人侵犯也不议论事非。由于体形魁伟，面貌姣美，又具高风贞操，且举止庄重，不妄交道俗，故得时人称赞。接着，他分心毗昙成实之学，听志念、智通二师弘讲。

隋开皇十年（590），道岳随僧粲入长安，敕住大兴善寺。时有九江道尼，自江都（今江苏省扬州市）来京都教化。道尼亲承梵僧真谛所传，以开创《摄论》弘讲海内知名，道岳因此又从道尼受学。

随着对大乘经论钻研的日益精深，道岳以兴善寺僧众集聚、诸事繁多为由，拟往太白山栖身隐修。太白寺住持慧安身居山中，其人洒脱阔达，一字方寸值千文铜钱，且精通医术偏重于经道，日行200千米可比若追日的夸父，被世人称为“长足慧安”。

阿毗達磨俱舍論卷第一
尊者世親造
唐三藏法師玄奘奉詔譯
分别界品第一之一
諸一切種諸冥滅　拔衆生出生死泥
敬禮如是如理師　對法藏論我當說
論曰今欲造論爲顯自師其體尊高超諸聖衆故先
讚德方申敬禮諸言所表謂佛世尊此能破闇故稱
冥滅言一切種諸冥滅者謂滅諸境一切品冥以諸
無知能覆實義及障眞見故說爲冥唯佛世尊得永

《阿毗达磨俱舍论》书影

道岳前往慧安处，以交道友亲近，将自己心怀坦诚相告。他说：“毗昙成实学而后知不是我之所好；《摄论》确实内容清微，原传自尼公，我听受又少，今依此弘化，已无从精益。现在中间徘徊，不知何取为适？昔日天亲菩萨作《俱舍论》，有真谛翻译今传中土，我已情寄于此了。”慧安言：“愿闻其志。”道岳答：“我以前所学群部，全是古德所传，流行很广，唯有《俱舍论》无人释解。由此我想岂能以这样的结果留待将来？”慧安说：“你有不夺之志，这一事业可成就了。”遂安排道岳居住，让他在寺内研读。

不过到这里时间不长，道岳便感到手头资料不多，又回到京城，住明觉寺寻检论文。在明觉寺期间，他闭门静心，自读文辞，洞察其义，一习五载，不出住房，除了吃饭休息，没有闲暇时间。经过孜孜不倦的努力，他终于释然了通，洞明宏旨。

为了解外面流传的论疏文本，他考虑三藏本义与论疏起自南方，于是以重金贿赂去南方道上的商旅，果然在广州显明寺获得《俱舍论》疏本并 18 部记。显明寺是真谛弟子慧恺所住之寺，疏记全是慧恺笔录，系亲承真谛口传。

得到疏本后道岳很是感戴与仰怀恺公，日夜奉读沉思竟废寝忘食。后来他决定重到太白寺，完成他原先的心愿。到了太白寺即摒弃一切杂念，专心致志于自己的功业，至于口腹之累则由慧安供给。当时谷食不足便以菜搭配，生活所用均为慧安经管不令匮乏。就这样过了一年，道岳信念更加坚定，而内心却愧疚不已。他谢慧安说：“道岳今愚而至极，为此使众人受累，独学又让人讥笑，自不量力欲成非分之想，一不可也。食为民之根本，名义上作实宾，乃是苟求虚誉而劳同志，二不可也。这事过于宏大了，确实要退下来停一停，再劳重累，则不可也。”慧安应道：“功业将成，幸喜大家都无异志，往后嘉会难以再有，莫要思量有别的考虑。”从而道岳又延续两载，方才出山。

道岳重返京城，以自己探求所知拟开慧业。他游历各处，大肆讲演，清新的论语层出不穷。隋大业八年（612），道岳受诏入住禅定道场。当时寺内僧众 300 多人，令登法席则互相辞谢。道岳因“后至名重，学不从师”，虽想播扬自己所学却也没有机会。同是大德的沙门法常、智首、僧辨、慧明等名闻全寺，众人皆知，他们共同引荐道岳为请主。道岳谦让推辞不愿为师讲授，只道“徒累清言，终惭疏略”。慧明等出席扬言：“法师为何要推辞呢？我等情均水乳，义结相成，掩德不施，有机不为，恐怕有悖于灵鉴吧？何况人世飘寄，时不再来，幸不相累啊！”道岳见众意难违，便整衣正容而首次登席。

禅定道场是一个高僧大德云集的地方，道岳在这里登上讲席便语出惊人。他以三藏本疏判通俱舍，先学后进而发异论引得一座议论，皆云："文辞旨义宏大缜密，只是此学背离师传。纵然是闻于一朝，诚恐日后也会被自己所否定。"而道岳反倒以请主虚宗自足，起初并无怯惮，举纲顿网，大义即便通达。虽有诤言论疑，辩锋四起，道岳毫不畏惧，应声随对。众人不识道岳从学门户，故无理由再进行论争，便立即停止了联手问难。自此，道岳名震学宗，得以继席法筵，岁举贤良亦推道岳。

唐武德初年，道岳入居蓝谷化感寺，与智信、智光和灵润等一起弘化传业。寺院侧岩下垂乳水，道岳前去承接，只得两升滴水便绝。他叹道："我无感也，故水辍流。"便把残留的水倒下滢（积水小坑）中，一心念诵，日取一升，经过 30 日，乳水又复前状了。到了武德二年（619），道岳以三藏本疏文句繁多，学人研究难得详览，便依真谛本，兼取诸说，错综成篇，在化感寺草就一部新的《俱舍论疏》。这部论疏后经十余年增补，合成 22 卷，减至原本疏的三分之二，而文旨周全统一，字去意留。同时，他又兼著 18 部论疏，使之与《俱舍论疏》一起通行于世。

武德四年（621）初，道岳回到长安，仍然住在禅定道场，此时禅定道场已改为大总持寺。不久王世充叛乱被平定，高祖诏其入内宫立儒、释、道三宗义。有宗法师神辩英出时人称异，道岳先问八局通正圣贤，后责见识短浅，令他无言以对，只好说："京室学士谈玄是稀少，可三宗之大为何要自指呢？"高祖在世时，欲使李耳之道东传，让学法者皆被乌衣（指羽化登仙），故度人授法盛演老子之宗。贞观中广传佛道两教，黄巾刘进喜创开老子讲筵，道岳问：“道生一二，前后有何证据？”刘竟不能答。道岳说：“先生高看前贤，岂能说是目击而通吗？”众人大笑而退。道岳之善解法相，遂誉传京国。

唐贞观六年（632），兄明旷卒，道岳悲痛盈怀。徒众与属下安慰道：“人皆有死，唯有自己节哀抑制。”道岳抹泪说：“同居一个火宅，共受父母溺爱，生死尚未断绝，如何不令人伤悲。”听到的人都议论，说他确实是善居在通俗之间。

还在贞观初年的时候，梵僧波颇在京传译，道岳为众人推举，与其一起译经。波颇闻听道岳善于《俱舍论》，开始未予看重，告人说：“此论本国之英华亦浮游在上，不敢探究大义，今言善于不有谬吗？”后来便向道岳问以大义并诸多异论，道岳按他的慧解对答如流。波颇连赞：“智慧人，智慧人，不言此慧我给你了！”自此，道岳更是情敦俱舍道业，对之又不断进行充实完善。

贞观八年（634）秋，皇太子李承乾召诸位硕德会集弘文馆讲义。道岳广开通衢之术，应对诸宾，酬接往复，神旨高标。太子看了问：“何处法师，竟有这样之雄辩？”左庶子杜正伦告道：“大总持寺道岳法师，法门轨辙，学观所宗。”太子言：“皇帝为吾（太子自指）造寺，广召名德，而此上人犹未受请，是何理由？”正伦回答：“虞舜存许由之节，夏禹顺伯成之志。他乃俗流，犹是矫（正）逸（民）。况方外之士，弃名之人，臣总是从他所好罢了。”太子便下令说：“让他屈知寺任，以展胸襟志向。”道岳动容辞道：“皇帝深知固本，诚心播传佛法，所以考察这一福地建此仁德之祠，广召无异议之僧，用树无疆界之业。僧自知弘业无多，没有德行记载，今蒙担当寺任，确实心下不安，愿上垂宽恕，敢情有违恩旨。”后来道岳屡辞难免，只好入住太宗为太子承乾患病祈福时所修的普光寺。

贞观十年（636）二月，道岳不幸染疾，诸治无效，卒于普光寺中，春秋六十有九。弥留之际，正是春季，（颁政）坊中路上使者来来往往，探望之人络绎不绝。皇太子令曰："普光寺上座丧事所花，一律由家中取给，务使丰厚，不要匮缺与受到约束，仍赠帛及时服衣等。"不久朝廷下旨，安葬道岳，葬于京郊以南的杜城（今西安市长安区杜曲）西隅。

道岳之弟明略，贞观九年（635）入朝奉慰。当时四海令达，名僧会集，唯有道岳与明略连枝比曜，为时人美赞。事缘将毕，明略言归东洛，道岳惘然道："我们同气四人已先弃世，唯余我与你相见有影。自明旷师寂没后，心里常怏怏不快，恐藤为鼠侵忽然长逝，再生难会，可不令人思量吗？我已近耄耋之年，还能有多久呢？集会一次又难，你不要回去，来此便在这里住下。"恰至来年春，道岳便辞世而去，明略心怀内疚，悲痛填膺，最终带病回到洛阳。贞观十二年（638）卒于天宫寺中，年 67 岁。

智信与智光

智信与智光均是九江道尼门人。道尼人称尼公，与慧恺、法泰等同为来自天竺的译经家真谛（499—569）亲传弟子。慧恺曾代晚年的真谛讲《摄论》与《俱舍论》，他的病逝让真谛十分悲痛，特邀集道尼、智敫等12人，立誓弘传此二论，勿令断绝。真谛卒后，道尼于九江弘阐真谛《摄论》，隋开皇十年（590），受诏入长安，住大兴善寺。在长安大开讲筵，弘传《摄论》本义，前后达十余年，约卒于仁寿年间。

智信在史籍未见传记，从有关僧传记述推测，智信应是道尼嫡传弟子，与智光为师兄弟，自九江随从道尼入京，住大兴善寺，一直侍奉在道尼身边。隋大业初智信与智光一起随同灵润等人离开京城游化，到蓝谷化感寺一带修头陀行，最后与智光留住化感寺。大业中化感寺重修，智信与智光是主要的组织者与建设者。智信在化感寺担任寺主20多年，一生致力于寺院经营和发展，约在贞观年中卒于寺内。

智光在唐道宣《续高僧传》中略有小记，依《智光传》云，智光为江州（今江西省九江市）人，乃道尼论师门下之学士。少年时即投道尼听讲《摄论》，尔后学有大成，言论清新华丽，声势严明肃穆，志向坚定不移，善听诤言忠告，常谦逊自处，推让在先，故为时人看重。开皇十年（590），敕诏尼公，相从入京，住大兴善寺。隋仁寿二年（602）敕建灵塔，诏送舍利往循州（今广东省惠州市）道场。途经许部（今河南省许昌市），一行人出了城南，在把舍利向车上放置时，舍利忽然大放光明，射出的光柱高达丈余，引得众人荣庆不已。到了番州（今广东省广州市），一行人在寺院内寄停，夜里铜钟洪亮自鸣，通宵达旦，惊骇人畜，直至吃饭时声音才止。当抵达循州道场塔寺时，取下舍利，天降甘露，塔边树上如有融化的冰须下垂，光白曜日。

智光返回京城后，以弘法为乐趣，频开《摄论》讲席，从而名传秦中大地。隋大业初与智信随同灵润等人出离京城，留住化感寺，归静林泉之中，与智信师兄共处 20 余年。智信卒后，智光返回九江，归隐庐山之阜，从此屏绝人间世事，安心坐禅，自重节操，卒于山舍。

义福传北宗

义福（658—736），俗姓姜，上党铜鞮（今山西省长治市沁县）人。祖上本出于齐，因做官而迁于潞州（今山西省长治市）。曾祖为雁门县令，祖父亦建有功业，后与其父归隐乡间。义福虽幼年丧父，十余岁时母又故去，但生来聪慧，才学会说话时就已具哲人之相，待稍有识见便远离贪取。先慈（亡母）怜惜他与众不同，留下遗训让他出家。

刚到 15 岁，义福即游学于卫（今河南省鹤壁市、新乡市一带），观艺于邺（今河北省邯郸市临漳县）。当时虽还是白衣，但已奉持沙门清净律行，而为邺、卫之松柏。

不久义福远出寻访，四处打探，至汝南中流山灵泉寺，读《法华经》《维摩诘经》等经。在此义福勤不告倦，遍诵无遗，时经月余。据载，一天夜里，义福端坐而唱经偈，忽闻庭院若有风雨之声，起身看时只见空中落下数百颗舍利。

义福后到洛阳福先寺，师从杜朏法师，广习大乘经论。在学习中义福区别门类，解析理义，遂对各门经论多有通达总括。尽管如此，但他仍觉得未臻极致，便想进一步探求典籍奥妙。

当时嵩岳大师法如，讲演不思议要法，义福听说后特别崇信，就日夜不停赶往嵩山。然到了嵩岳寺他才得知法如已经迁化谢世，不由得怅然悲愤，以至追思先贤心情久久不能平静，于是便在寺院住了下来。

武后载初年（690），义福落发具戒，从此自行贞操之苦，乞食游化。当得知神秀大师在荆州玉泉寺的消息后，他便刻意南往，立誓寻找，苦身励节，不辞辛劳。在即将会面之前，更是身不暖席，愿依救度，游不停滞。

拜谒神秀大师时，义福直表诚心操业，一面礼敬，从此就以神秀为自己真师。在玉泉寺里，义福以自己根器融会通识，排除一切烦恼，既而摄收念虑，栖身榛林，练五门（即五方便门，见前），入七净（一戒净、二心净、三见净、四度疑净、五分别道净、六行断知见净、七涅槃净），不闻毁誉，无关荣辱。无论雪霜交加，衣食告罄匮乏，从不变颜失色，出现厌苦之容。就这样经过累年积月，钻研求进，义福终于幡然大悟，内外修为达于神妙之境，处事待人则不舍威仪。如此 10 年周旋，义福在神秀座前，不失一念，超步远履，深得大师信任，故授以空藏之学，印以总持之法。

武周久视中，神秀大师受诏入东都洛阳，义福受师命回到嵩岳寺，不久为京城大福等邀请，赴长安弘法。

初到长安，住骊山南阜归义寺（在今蓝田县华胥镇雷家庄）。寺位古伏羲城侧，为当年唐高祖李渊潜龙时读书之处。武周长安年中，义福受师门惠福相请，至蓝谷化感寺游观，见这里山水灵秀，禅林清寂，便息心住锡。

唐神龙二年（706），神秀大师病卧天宫寺，义福赶赴洛阳。在神秀大师有疾时，唯义福亲在身侧侍奉，密受传付，人莫能知。后有圣僧万回遇见义福，告诉众人说："宏通正法，必此人也。"

大唐故大智禅师碑铭并序

神秀大师在天宫寺圆寂后，敕令送度门

寺安葬。义福陪同太子洗马卢正权又护送遗体到荆州玉泉寺，后安葬于度门寺塔。事毕之后返回化感寺。

化感寺滨际林水，外示离俗，内得安神，乃是一块不可多得的禅修之处。义福在这里前后 20 年，与小福一起构置法堂，坐禅习定，弘传禅法，开创了终南山传法中心。

时之清信雅士、鸿名硕德皆割弃爱欲，洗心清净，斋庄肃敬，布施供养，或请发菩提，或参禅扣契。有仰慕而求进修的，有厌苦而求利益的，所来之人莫不恳切立誓，心诚专一，披露尘世烦恼。义福由此开演神秀大师之业，勤勉宣示至圣之教，广燎明哲之灯，洞见昏沉之路，物无不伏，功无不成。故求法者不远千里，不间旬日会聚道场，人数之多遍布南北山谷。

唐开元十年（722），义福受长安道俗礼请，入住京城慈恩寺。慈恩寺系高宗为亡母文德皇后所立，为玄奘大师译经之处。义福入住以后，慈恩寺便成为禅门北宗在长安的一大传法中心。

开元十三年（725），玄宗东巡河洛，特令义福陪驾东都。路上经过蒲（今山西省永济市）、虢（今河南省灵宝市）二州，刺史及官吏与世俗男女都手拿幡花迎接，所到之处人潮涌动，纷纷礼拜，皆想一睹义福风采。至洛阳后义福居福先寺，直到开元十五年（727）方才被放还京师。

开元二十一年（733），玄宗又下旨，再次令义福陪入东都，行至城南龙兴寺，义福说："此人境之中的静处。"遂留居于此。沙门四众听说义福留居，闻风前来，日达千人。其中，城里城外因绝荤吃素而皈依者不可胜计。

开元二十三年（735）秋八月，义福老来衰疾，从此闭关晦养不再接待人事，并告诫诸门徒说："我已闻知，道在心不在事，法由己不由人，你们应当自己勤苦着力，以通济神来之用。"众人都已明白，这便是义福最终的付嘱。

至来年五月，义福病情加重，吃饭减少。二十四日申酉之交（现17时左右），有白虹十余道辉映天际，久久不灭。二十五日晚上，义福收摄尘念，忽而开颜，告近前侍奉的几个人说："本师释迦，在世上示现一生，活了七十有九而涅槃。我今已经与佛的年龄相同，还有何理由再住人间？"一会儿又言："卧去坐去，亦有何差别？"便右胁枕手，并足而卧，安然弃世。玄宗得知，特派中使慰问，随即降旨，敕赐谥号"大智禅师"，并题塔额。谥号取"大智本行，皆悉成就"之意，以誉比义福，当见义福在皇家眼里不负"大智"之名。七月六日，送葬龙门奉先寺北冈，一切威严礼仪法事费用全由官府供给。从定鼎门到塔所，信众不绝，悲声如同雷声。官绅身着缟素者达数百人，士庶穿戴丧服者数以万计。中书侍郎严挺之亲身服丧，如同弟子，又为之撰写了碑文。灵棺即将入穴时，有五色祥云与数十只白鹤盘旋棺上，云光鹤影，直到灵棺封入穴内，方才散去。归墓之际，有季弟为之起坟，弟子庄济等营造丰碑。碑文《大唐大智禅师碑铭并序》由中书侍郎严挺之所撰，殿中侍御史惟则题书碑额。碑石曾勒数道，分立弘法各处。今有归义寺碑存西安碑林博物馆，其碑堪称唐代隶书碑刻之冠。

义福性笃仁厚，天姿通于简约，取舍任由自在，深净无边，苦己求真，常以旷达之心境济世救度。身居佛门，训导世俗，不忘忠孝二字；禅坐空寂，心净实归，尤见语默无闻。其行可与真静齐致，道堪与法身同体。时人评说，义福法轮始于西方达摩，为大乘教东传，有

300 余年，独称东山学门。自慧可、僧璨、道信、弘忍至神秀，相递以心印付嘱。神秀传付普寂与义福两人，即东山继德，七代至兹。

《明皇杂录》记一逸闻，言义福从驾东都后，一天早上召集门徒告诉自己将没的时日。兵部侍郎张均、中书侍郎严挺之、刑部侍郎房琯、礼部侍郎韦陟等平时都十分尊崇义福，常来拜访，他们在这一天全都赶到了义福所住之处。义福登上讲坛，为门人讲法，并说："今天是我离开人世的日子，在此要与诸位诀别了。"过了好长一会儿，张均给房琯说："我常年服用长生不老的金丹，从来未参加过丧事活动。"说完，张均便悄悄地溜走了。这时义福忽然对房琯说："我与张公交往已有数年了，张均将来有非同寻常的灾祸，要在名誉与节操上遭受损失。若能坚持到法会终了，本应足以免除他的灾难的，可惜啊！"他牵着房琯的手说："房公必为大唐中兴名臣，请善自为之。"言罢故去。后到安禄山之乱，张均身陷贼庭，接受伪职，果然名节皆亏。而房琯则辅佐玄宗与肃宗两朝，确保大节不失，均应了义福的预言。

义福门下弟子不少，但均无籍载传略。今见名于《景德传灯录》的有大雄猛、神斐、定境、玄证、道播禅师、西京大震动、大悲光、大隐禅师 8 人；存留金石的有洛阳龙兴寺庄济、圣善寺法凝、长安山北寺融禅师，以及智通禅师、比丘尼惠源、优婆夷（居家信女）卢氏女 6 人。其中，圣善寺法凝创立八言渐门，在北宗衰落之际独树一帜，大诗人白居易写下《八渐偈》述其法门要义，传有弟子如信、智如。智通禅师（683—751），俗姓张，虞乡（今山西省永济市）人，刺史裴宽"请传觉印"，太守韩朝宗"请师为僧宝"，见《大唐栖岩寺故大禅师塔铭》。比丘尼惠源（662—737），俗姓萧，南兰陵（今江苏省常州市武进区）人，初唐宰相萧瑀之孙女，22 岁诏度为尼，后遇义福"殊礼印可"，有"世算之识，知微通神"，时人称之为观音菩萨。

惠福坐禅林

惠福之名仅出现在《楞伽师资记》中，明确载录其为蓝田玉山惠福禅师，《景德传灯录》记为京兆小福禅师。小福称谓的来历是因蓝田空寂寺有大福，二人当是同族昆仲。依现存《大唐空寂寺故大福和尚碑》记载，惠福应俗姓张，新丰（今西安市临潼区）人，为大福族中兄弟，与大福一起在荆州玉泉寺从神秀大师受学，默领法印。

如《楞伽师资记》所言，玉山惠福与洛阳嵩岳普寂、嵩山敬贤、长安蓝山义福“同一师学，法侣应行”，俱承神秀大师之后。而且都是“少小出家，清净戒行，寻师问道，远访禅门”，行至荆州玉泉寺，遇神秀大师蒙授禅法。他们在神秀大师座下大都侍奉十余年，“豁然自证，禅珠独照”，接受神秀大师付嘱。其行如同照世灯炬，传法颇似开悟高僧，大镜明悬。天下坐禅之人，皆叹四个禅师曰：“法如山一样清净，法如海一样澄清，法如镜一样明朗，法如灯炬一样明亮。其宴坐名山，澄清心神于深邃之谷，功德冥存于自性之海，业行繁茂于禅门之枝，已然在清净无为之境独步空寂，以禅灯默照，让就学者皆证得佛心。”

《楞伽师资记》所说的蓝田玉山与长安蓝山，实际为唐代史书常言的蓝田山，即今天的蓝谷芦山与西安骊山。所载神秀大师的四大传人，则是当时嵩山、洛阳、长安、终南山四大传法中心的代表人物。

惠福从神秀大师于玉泉寺就学，在武后垂拱年间至武周久视年（700），到神秀大师被诏入东都洛阳为止，前后约有 15 年时间。

神秀大师离开玉泉寺时，分别安排手下弟子到各地弘法，惠福与大福亦在此时领受师命返回京城长安教化。武周大足初惠福栖身蓝谷，入住化感寺。至武周长安中，惠福又从归义寺迎接义福到化感寺共同弘法。

自大足年中入寺，惠福再未离开。他与义福一起完成了化感寺的全面建设，辟设了覆釜山云林法堂，开创了禅门北宗在终南山的传法中心。

义福离开化感寺后，终南山传法活动由惠福主事，随着大福入住空寂寺，以化感寺与空寂寺为主的禅门北宗更是显赫一时，而小福与大福兄弟亦成双星闪耀，名扬秦中。

惠福晚年与诗画名家王维及诗人裴迪多有交往。王维留下《游化感寺》一诗，自称皈依此地，又写《过福禅师兰若》和《饭覆釜山僧》两诗，记述游历与相互往来。惠福生年无考，圆寂约在天宝之末。化感寺之西北有一古时石塔遗迹，或与惠福禅师有关，可惜塔被人毁，今莫能辨。

名列神秀四大弟子之一，惠福竟不见传略，也无语录。后传法嗣在《景德传灯录》记名三人，一为京兆蓝田(即化感寺)深寂，二为太白山日没云禅师，三为东白山法超。

覆釜山惠福禅师兰若遗址

第六章　寺　之　诗

品墨味禅本是古时文人雅士的一种嗜好，山水灵秀、禅林清寂的化感寺，不知倾倒了多少舞文弄墨的天涯过客。流传至今的唐人题咏，不乏王维、裴迪、钱起、韩翃、白居易、元稹等名士佳作，珠玉般的字句依旧点缀着这里的一切。

王维书禅趣

王维画像

一位皈依于化感寺的文坛巨匠，在与蓝谷一山之隔的辋川长眠 1200 余年，如今的小学课本都有他的诗歌，甚至日本的学生也读他的作品。他不是别人，就是盛唐时期田园山水诗的杰出代表，死后被人们称为“诗佛”的王维。

王维（699？—761），字摩诘，名与字相连便是“维摩诘”，《维摩诘经》为佛家居士修持之经典，王维故号摩诘居士。其祖籍祁县（今山西省晋中市祁县东南），迁居蒲州（今山西省永济市）。父处廉，任汾州司马；母崔氏，封博陵县君。维为长兄，有弟缙、繟、纮、紞4人。唐开元九年（721）考中进士，历任太乐丞、济州司仓参军、右拾遗、监察御史、左补阙、吏部郎中，天宝末为给事中。安禄山陷两京时，被俘往洛阳，迫受伪职。唐军收复洛阳，降官押赴长安定罪，因有《凝碧池》诗传闻与其弟缙愿削己官以赎兄罪被肃宗赦免，复任太子中允、中书舍人，官终尚书右丞。唐上元二年（761）七月辞世，与其母同葬辋川清源寺（后改鹿苑寺）。王维有《王右丞集》和《辋川图》等诗画传世。

在开元盛世的文坛上，王维可谓是一位多才多艺的名家。他不仅以诗文誉满当时，而且擅长山水书画，博通乐典音律。曾资助韩干学画，韩干后成为盛唐著名的画马名师。开元末，一度隐居辋川南山（今飞云山），自筑山居精舍，以为将来之计，并把吃斋念佛的母亲搬来居住。唐天宝三年（744），购得宋之问蓝田山庄（今辋川镇官上村），

《辋川图·辋川山庄》

开始经营辋川别业。辋川风光旖旎，曲水流觞，有孟城坳、文杏馆、欹湖、鹿柴等 20 多处景观。诱人的山水与亦官亦隐的生活，成就了王维诗作和书画的崇高境界。

与弟王缙一样，王维从小便受母亲影响，崇佛参禅。母亲博陵（今河北省定州市）县君（封号，唐制五品官员母、妻封县君）崔氏，师事普寂 30 余年，褐衣蔬食，持戒安禅，乐住山林，志求寂静。王维一生归隐过 4 处，2 处均与禅门北宗有关。一是开元二十二年（734）秋，短期归隐嵩山，从普寂门人习禅。二是开元末隐居辋川，皈依化感寺里。他的禅学取向大致可归为禅门北宗，尽管曾受神会之请为南禅鼻祖慧能撰写过碑文，但是毕竟接触北宗僧人的机会更多、时间更长。

从居家修行的角度说，王维自号摩诘居士当为不虚。丧妻 30 年孤居不娶，退朝之后焚香独坐，每以禅诵为事。尝日饭十数名僧，以谈玄为乐。室中摆设，也只有茶铛、药臼、经案、绳床而已。是故后人评价他的作品，称其“诗中有画，画中有诗”“空寂妙语，贵在入禅”。

王维同化感寺往来密切，与之有关的诗文应该不少，但很多诗作大概在“安史之乱”中不幸散佚。诚如其弟王缙在回奏代宗要他呈送王维诗文时所说，其兄诗有百千余篇，“天宝事后，十不存一”，仅“得四百余篇”。在留传至今的诗篇中，与化感寺相关的诗仅存《游化感寺》《过福禅师兰若》《过化感寺昙兴上人山院》《饭覆釜山僧》等四首诗，另有《山中与裴秀才迪书》一文。

《游化感寺》写于开元之末，时间当是晚秋，为王维皈依寺院时作。诗曰：

翡翠香烟合，琉璃宝地平。
龙宫连栋宇，虎穴傍檐楹。
谷静唯松响，山深无鸟声。
琼峰当户拆，金涧透林明。
郢路云端迥，秦川雨外晴。
雁王衔果献，鹿女踏花行。
抖擞辞贫里，归依宿化城。
绕篱生野蕨，空馆发山樱。
香饭青菰米，嘉蔬绿笋茎。
誓陪清梵末，端坐学无生。

诗中，“翡翠”指一种翠鸟，其形如燕。赤而雄者曰“翡”，青而雌者曰“翠”。“琉璃宝地”指佛居之清净世界，如《法华经·宝塔品》言：“琉璃为地，宝树庄严，黄金为绳，以界八道。”“龙宫”即龙神所居，此处指寺下的虎溪深潭。“拆”意指分开、分列。“郢”为春秋战国时楚国都城，在今湖北江陵西北。“雁王”即佛教中的大雁之王，有衔果献佛的传说故事。“鹿女”出自《杂宝藏经》卷一，记说昔日雪山有个仙人名叫提婆延，常于石上小便。一雌鹿来舔小便处便有妊，月满寻至仙人窟产下一女，端正殊妙，有莲花裹身。仙人知是己女，取来养育，待到此女渐渐长大，脚踏地处皆出莲花。“辞贫里”引自《法华经·信解品》，喻今至化感寺，犹如穷子辞贫里，往富者家，将得宝藏也。“化城”出自《法华经·化城喻品》，意即一时化作之城郭，供众生成佛途中止息，此指化感寺。“青菰”俗称茭白，生于水边沼泽地，果实如米，可做饭，为古时六谷之一。绿笋茎，此指蕨菜茎叶，而非竹笋。“无生”即无生无灭，在佛教中谓涅槃之真理，意即众生一旦觉悟解脱，进入佛居清净世界，便可不生不灭，永离六道轮回之苦。

这首五言排律诗，以富有魅力的笔法记述了化感寺的地理环境与诗人皈依的习禅生活，如实表现了诗人坐禅习定的修行方式。诗句描写生动逼真，读来引人入胜，妙趣横生。

诗的大意为：凌空翻飞的翠鸟与袅袅升腾的香烟交合一起，琉璃般的佛门宝地展现在人的眼前。虎溪飞瀑下的龙宫深潭连着寺院的栋栋屋宇，老虎出没的洞穴则傍依着屋檐楹柱。幽谷寂静，唯有清风吹拂松枝的声响，山深之处竟然无鸟儿的啼鸣。似玉的山峰中开门户分列两侧，金色的涧水透过密林依然明亮。通往荆楚的驿路远上云端，秦川在雨后格外晴朗。雁王从远处衔来圣果向佛敬献，鹿女在前边行走踏出朵朵莲花。抖擞精神辞别清贫的乡居，皈依此处，我要住在这化城里面。环绕篱笆生长着野生的蕨菜，堂馆空地上长出山中独有的樱桃。香气扑鼻的饭食是青菰之米，让人称美的佳蔬是绿叶笋茎。我立誓陪伴清朗的诵经梵音直到末了，正容端坐学习这里的无生之禅。

《过福禅师兰若》写于天宝年初，时为春季。诗云：

岩壑转微径，云林隐法堂。
羽人飞奏乐，天女跪焚香。
竹外峰偏曙，藤阴水更凉。
欲知禅坐久，行路长春芳。

此为一首五言律诗，描写的是诗人春住寺内，在清晨时游经化感寺北山院，参谒正在坐禅的惠福禅师的见闻。诗题“兰若”指未入额的僻静小寺。诗中“法堂”指演说佛法之堂。“羽人”即飞仙，道家有羽化成仙之说。“天女”为天上的神女。“长春芳”，意为长出春日的芳草。

诗的大意是：从崖壑转上一条小径，便走进隐藏在云雾与林海中的法堂。这里的壁画景致如此奇异，何尝不是人间仙境？空中的羽人儿飞奏着乐章，天上下凡的神女跪在地上焚香。竹林以外的山峰独见曙光，藤阴下面的泉水更是冰凉。欲知禅师的坐禅过了多久，只见行走的路上已长出春日的芳草。

《过化感寺昙兴上人山院》作于天宝末期，时当初夏。诗曰：

暮持筇竹杖，相待虎谿头。
催客闻山响，归房逐水流。
野花丛发好，谷鸟一声幽。
夜坐空林寂，松风直似秋。

这首五言律诗系王维与裴迪同咏诗，记述的是昙兴上人在初夏的一个傍晚，等待并接迎诗人一行的情景与诗人的沿途所闻，表达了诗人对禅林空寂的心境感受。诗中，“筇竹”又作邛竹，本产邛山（今四川省雅安市荥经县西），节长而中实，此处筇竹亦指虎溪竹。“虎谿头”指虎溪瀑布上方的一个独立的小山包，“谿”同涧。

诗的大意是：到了日色将暮时分，昙兴上人还手执筇竹杖，与上山的客人相约，等待在虎溪瀑布上方的小山包上。催客入寺的虎啸声已在山间响起，回归僧房的路沿着水流来向延伸。丛生的野花不禁令人叫好，一声山谷的鸟鸣更显得林间清幽。夜里禅坐但觉山空林静，松林间清风拂来感觉好似秋临。

《饭覆釜山僧》写在天宝年中，为王维闲居辋川时作。诗云：

晚知清净理，日与人群疏。

将候远山僧，先期扫敝庐。

果从云峰里，顾我蓬蒿居。

藉草饭松屑，焚香看道书。

燃灯昼欲尽，鸣磬夜方初。

一悟寂为乐，此生闲有余。

思归何必深，身世犹空虚。

诗题“覆釜山”临蓝谷，在化感寺东北，西南有经青泥岭下至官上（王维别业）的小路。诗中，“远山僧”指覆釜山僧，即惠福禅师兰若僧人。“敝庐”为破烂的茅屋，出自《左传》昭公三年：“小人粪（弃）除先人之敝庐。”“蓬蒿居”是借用皇甫谧《高士传》中，隐逸张仲蔚“常居穷素，所处蓬蒿没人，闭门养性，不治荣名，时人莫识”，喻自己所居来人不多。“藉草”意指借用草，或身依草上。“松屑”，指松子、松实。“磬”为铜质法器，在诵经和法会上作起止之节用，有大小之分。“寂”即寂灭，涅槃之别称。如《涅槃经》云：“有为之法，其性无常，生已不住，寂灭为乐。”

全诗大意为：到了晚年才知道（佛居）清静世界的事理，只是日渐与世上的人群有所疏远。为了等候远处山上的僧人，（我）提前打扫了破烂的茅屋。客人果然从云峰里出现，来到我少有人至的蓬蒿之居。坐在草垫上面吃着松子饭食，点起清爽的檀香看着佛家道书。灯火燃起才晓得白昼将尽，磬声交鸣正是夜方初时。一旦悟觉解脱，寂灭当为至乐，此生便是闲余了。思虑回归官场何必那样志虑深沉呢？人的身世就处在虚幻不实的世界中啊！

此五言古诗，记述的是诗人在辋川别业斋饭覆釜山僧并与之参禅悟道的情形，刻意表现了禅门中人勤心修行、品味禅理的志趣。在描写禅者生活的诗篇中，此诗堪称绝妙之作。

《山中与裴秀才迪书》是唐代一篇清新隽永、颇具诗情画意的知名散文。作者于文中记述了在化感寺休息，与山中僧人一起吃饭的情形，富有想象地勾画了辋川的美妙景色，并期待友人在春天来临时相携游赏。全文为：

近腊月下，景气和畅，故山殊可过。足下方温经，猥不敢相烦，辄便往山中。憩感配寺，与山僧饭讫而去。

北涉玄灞，清月映郭。夜登华子冈，辋水沦涟，与月上下。寒山远火，明灭林外。深巷寒犬，吠声如豹。村墟夜舂，复与疏钟相间。此时独坐，僮仆静默。多思曩昔，携手赋诗，步仄径，临清流也。

当待春中，草木蔓发，春山可望。轻鲦出水，白鸥矫翼，露湿青皋，麦陇朝雊。斯之不远，倘能从我游乎？非子天机清妙者，岂能以此不急之务相邀？然是中有深趣矣。无忽。

因驮黄檗人往，不一。

山中人王维白。

文题所言的“秀才”，原系唐初对参加秀才科考试及第者的称呼，至玄宗时秀才科已取消，此处指参加进士考试者。“裴迪”乃王维在辋川“浮舟往来，弹琴赋诗，啸吟终日”的好友。文中的“故山”指原来居住的蓝田山（今玉山至辋川一带的山岭）。“温经”即温习经书。“感配寺”又作化感寺、感化寺。“玄灞”指灞水，“玄”为黑色，潘岳《西征赋》有“玄灞素浐”之说。“舂”为用杵臼捣碎谷物或除去谷皮。“曩”，从前。“轻鲦”，一种身体长而小，游动轻捷的鱼。“皋”，水边高地。“雊”，野鸡鸣叫声。“黄檗”，一种落叶乔木，果实与茎内皮可入药，茎内皮呈黄色，亦可做染料。

此文为王维托人捎给裴迪的一封书信，时间当在天宝年中。其大意为：

临近腊月时候，天气仍然温和，令人心情舒畅。旧居蓝田山真是值得一游，不过你正在温习经书（应考），恕我不敢相烦，就自己前往山中。休息在化感寺，与山僧吃过饭方才离去。

向北渡过灞水，清朗的月光已映照着（蓝田）城郭。夜晚我登临华子冈，只见辋水微波荡漾，水中的月影也上下晃动。冬山远处的火光，忽明忽暗，在林外闪烁。深巷中寒号的家犬，吠叫声如同豹子。村庄里人夜的舂米声，又与(寺院传来)稀疏的钟声相互间杂。此时我还在独坐，僮仆已经入睡。多么思念从前的日子，一起携手赋诗，走过狭窄的小径，在清流边上漫步。

等待春天来时，草木生发，这里的山景足可观望。轻捷的鲦鱼浮出了水面，白鸥张开了矫健的翅膀，晶莹的露珠湿润了河岸高处的青草地，清晨的麦陇之中则不断传来野鸡的鸣叫声。这美好的风光想来不会很远，你能从我一同游吗？你若不是天性清奇妙悟之人，我岂能以这不急的闲事相邀？自然是内中有深厚的志趣了。不要忽视。

因有驮运黄檗的人前往（京城），不再一一具言。

山中人王维告白。

这封书信文辞简约，构思细密，写得真挚纯美，诗情画意跃然纸上，实为古典散文之中的范本。其文被录入今天的中学教材，应是理之当然。

观其文而知其人，品其诗而晓其性。王维一生事母至孝，关爱弟妹，注重友情，志趣山水，禅味诗画，甚得古今文人雅士看重。他与人为善，心地仁厚，性格温润如玉，诗风质朴清新，更是后人效仿的楷模。从唐至今形成的辋川文化，历经千年不衰，足见王维人格与诗品的巨大魅力。

裴迪从维游

裴迪画像

裴迪是王维过从甚密的诗友，王维写给裴迪的和诗、同咏、题赠达 37 首，接近王维现存全诗的十分之一。而裴迪仅存的 28 首诗里，写给王维的诗就有 26 首，且多因附在王维诗集中而得以保留。

据《王维传》《新唐诗》与《唐诗纪事》所载，裴迪（716—？），关中人。依《新唐书·宰相世系表》言，裴迪乃后魏中书博士裴天寿九代孙，可谓家学渊深，或世为士族。

裴迪生卒未有史记。按时任蓝田县尉钱起《送裴迪侍御使蜀》一诗所云："柱史才年四十强，须髯玄发美清扬"，可知裴迪当年不过四十一二。钱起任官蓝田时是天宝之末，裴迪赴蜀在唐上元元年（760），据此年推算裴迪生年约在唐开元四年（716）。

记载裴迪最初行踪的是孟浩然诗《从张丞相游南纪城猎，戏赠裴迪张参军》。张九龄在开元二十五年（737）由右丞相贬荆州长史，孟浩然当时为其幕府，裴迪也可能由长安随往，此年不过 21 岁。张参军为诗画名家张湮（713—756）。

开元二十八年（740），张九龄辞官南归，五月病逝于韶州曲江（今广东省韶关市境内）。张九龄南归后，裴迪与张湮回到长安，未久隐住在长安城东的霸陵边上。张湮与王维为诗酒丹青之友，居少室山下闭门读书时，即与开元二十二年（734）秋短期归隐嵩山的王维相识。而王维在开元二十九年（741）于辋川南山（诗记终南山，今称飞云山）建置山庄后，张湮便带裴迪入山寻访，裴迪从此开始了与王维长达十余年的亲密私交。

唐天宝三年（744），王维购得宋之问在辋川口的蓝田山庄，开始经营辋川别业，裴迪亦在辋川口搭建了山居。二人泛舟欹湖，抚琴长歌，在这里留下了独具神韵的五言诗《辋川集》。

天宝十五年（756），安禄山攻陷长安，王维扈从不及，被俘押往洛阳，拘于菩提寺。八月安禄山宴其群臣于凝碧池，王维写下《凝碧池》诗。正是裴迪前去看望，将诗带出为时人传闻，后成王维迫受伪职而得免罪的一大证据。

裴迪同王维隐居辋川时，即与天宝末任官蓝田的诗人钱起互有来往，钱起写有《裴迪南门秋夜对月》一诗相赠。上元元年（760）春，王缙时任蜀州刺史，裴迪以侍御使蜀，钱起作有送别诗《送裴迪侍御使蜀》。裴迪与杜甫之交始于天宝年间，当时杜甫曾在蓝田有过寓居游观，留下《九日蓝田崔氏庄》与《崔氏东山草堂》两首诗。裴迪至蜀州次年又与杜甫重逢，因是故交互有唱和，今存杜甫和裴迪诗三首。

裴迪到蜀州未及两年，约在上元二年（761）以后随王缙离开，回长安担任尚书省郎。诗人李颀有《圣善阁送裴迪入京》诗云：“旧托含香署，云霄何足难。”“含香署”即尚书省，“含香”见应劭《汉宫仪》：“桓帝时，侍中刁存年老口臭，上出鸡舌香与含之。后尚书郎含鸡舌香，始于此。”李颀在此借用“含香”一典喻指裴迪任尚书省郎一职。

裴迪卒年因无史记，亦无诗载，今已不可考。

纵观裴迪生平大略，与王维交往是他一生之中最大的际遇。受王维影响，裴迪亦心系佛门，有与王维等人一起游化感寺、青龙寺的同咏诗。裴迪诗作现在大都散佚，流传至今的仅余 28 首，其中以与王维唱和的《辋川集》二十咏名闻古今。

《游化感寺昙兴上人山院》是与王维的同咏诗，写于天宝末期的一个初夏。诗曰：

不远灞陵边，安居向十年。
入门穿竹径，留客听山泉。
鸟啭深林里，心闲落照前。
浮名竟何益？从此愿栖禅。

诗中“灞陵”又作霸陵，指汉文帝刘恒之陵墓，在白鹿原西北端的凤凰嘴，裴迪曾居此下的官路旁。“心闲”意抛却尘念。“栖禅”，栖身于禅寺之中。

全诗大意为：就在不远的灞陵边上，我安居那里已有 10 年。今入得寺门穿过竹径，（上人）留客的地方可听到山泉的鸣响。鸟儿婉转的叫声回荡在幽深的山林里，而人抛却了尘念便进入空寂之境，心如明镜照于眼前。世间的浮名俱为虚幻，与人究竟有何益处？从此我愿栖身在禅林之中。

钱起傍寺居

同王维一样在蓝田隐居，与蓝谷有着不解之缘的是位列“大历十才子”（按姚合《极玄集》为钱起、李端、司空曙、卢纶、韩翃、吉中孚、苗发、崔峒、耿沣、夏侯审）之首的著名诗人钱起，他是继王维之后又一个在化感寺参禅悟道的文坛巨匠。

钱起画像

钱起（710？—780？），字仲文，吴兴（今浙江省湖州市）人。唐天宝十年（751）进士，初授秘书省校书郎。天宝末出任蓝田县尉，在蓝田任官10年，与禅门中人相交很深，并在佛寺遍布的蓝谷东侧置有玉山别业（旧称蓝上，今终南林场附近）。唐宝应二年（763）夏，他与任职渭南县尉的郎士元入京同为左、右拾遗（郎士元为左拾遗）。唐大历初因病辞官，归隐玉山故居三年，后复出任司勋员外郎。大历十一年（776）迁司封郎中，后转考功郎中。卒于建中年中。有《钱考功集》10卷传世。

作为中唐时期的重要诗人，钱起在天宝九年（750）的进士应考中即崭露头角，一首《省试湘灵鼓瑟》令主考李暐拍案叫绝，以为有神相助，最终拔得高第。大历年间更是誉满朝野，人称“前有沈（佺期）宋（之问），后有钱（起）郎（士元）”。但凡朝廷公卿出使，若无钱、郎赋诗相送，则为时论鄙视。

钱起诗作传承王（维）孟（浩然）之体，偏重对山水、田园、寺院类景物的描写，也有大量投赠、送别类的应酬之作。他长于排律、五律、七绝，音律和谐婉转，且多有佳语奇句。如《省试湘灵鼓瑟》之结尾，“曲终人不见，江上数峰青”，吟来余味悠长。其诗风格清丽淡雅，含蓄而毓秀芳，故能新奇出俗，其为王维所赏识，“许以高格”（见《唐才子传》）。

在《钱考功集》中，与蓝田有关的诗歌达百余首，占到全集的三分之一。其中涉及化感寺山水与人物的有《东城初陷，与薛员外、王补阙暝投南山佛寺》等5首。

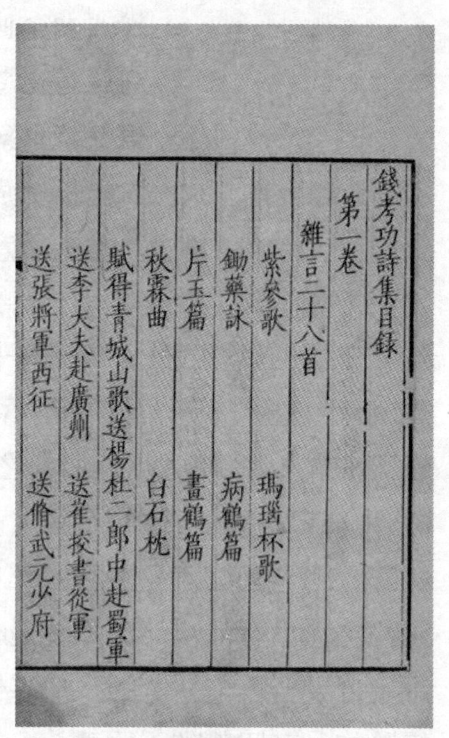
錢考功詩集目録
第一卷
雜言二十八首
紫參歌　瑪瑙杯歌
鋤藥詠　病鶴篇
片玉篇　畫鶴篇
秋霖曲　白石枕
賦得青城山歌送楊杜二郎中赴蜀軍
送李大夫赴廣州　送崔校書從軍
送張將軍西征　送倫武元少府

《钱考功集》书影

《东城初陷，与薛员外、王补阙暝投南山佛寺》写于广德元年（763）十月。时泾川刺史高晖引吐蕃兵入长安，立广武王李承宏为帝。代宗出走陕州（今河南省三门峡市陕州区），众官多由蓝田南山诸谷赴行。吐蕃兵追至，光禄卿殷仲卿率千人坚壁清野。郭子仪使长孙全绪带二百骑到桓公堆，昼击鼓张旗，夜多燃火把，造势以疑吐蕃。吐蕃恐惧郭子仪大兵将至，遂收人马退出蓝田。二十一日郭子仪收复长安，十二月代宗返还京城。当时钱起刚回长安任右拾遗，遭遇此难之际同薛员外、王补阙一起出走蓝谷官道，至黄昏时上到化感寺投宿。诗曰：

日昃石门里，松声山寺寒。
香云空静影，定水无惊湍。
洗足解尘缨，忽觉天形宽。
清钟扬虚谷，微月深重峦。
噫我朝露世，翻浮与波澜。
行运遘忧患，何缘亲盘桓。
庶将镜中象，尽作无生观。

诗题所言“东城”指长安城东，时钱起居新昌坊，位长安城东延兴门边。诗中“日昃”（zè）意太阳偏西。“石门”即古蓝关石门牌坊，此喻蓝谷。“定水”，澄静之水，喻入定之心。“天形”一作“天影”。“朝露世”意为如朝露一样短暂的人世。“遘”（gòu），相遇，构成。“盘桓”，逗留。“镜中象”，本属虚幼，禅宗融入“静”“空”意蕴，喻入定时心如明镜所现之象。

全诗大意为：进入石门（蓝谷）里时太阳已经偏西，松涛涛声阵阵，山寺已临寒冬。香云浮在上空留下静静的影子，澄清洁净的平静之水没有惊起湍流。洗足时解下染尘的冠缨（官帽），忽觉头顶上的天变得十分宽阔。清亮悦耳的钟声飘荡在虚空的山谷，微微露脸的月亮照着幽深的重叠山峦。可叹我朝露一般的短暂人生，却如此翻浮在波澜之中。此次仓促出行遇到诸多忧患，是何因缘竟让我在这里逗留数天？但愿将这虚幻的镜中之象，尽都作超脱轮回的无生无灭观想吧！

这首诗层次分明，既有细致的景物白描，也有因景生情的自身感悟，且融禅意入诗中，更显示作者在禅学方面的不凡修为。全诗流畅自然，一气呵成，写得生动逼真，蕴秀蓄芳，颇见文笔功力。

《杪秋南山西峰题准上人兰若》写在蓝田任官时期，为钱起到化感寺参禅所作。诗云：

向山看霁色，步步豁幽性。
返照乱流明，寒空千嶂净。
石门有余好，霞残月欲映。
上诣远公庐，孤峰悬一径。
云里隔窗火，松下闻山磬。
客到两忘言，猿心与禅定。

诗题“杪秋”即末秋或称秋末。“南山西峰”指化感寺的南山（即虎侯山，今称芦山）西峰（西来孤峰）。“准上人”，化感寺高僧。诗中“豁”即豁开，意指豁然开大或开通之貌。“石门”指蓝谷。“远公”即净土宗初祖庐山慧远，此喻准上人。“忘言”语出《庄子·外物》“言者所以在意，得意而忘言”一句，此处指人得禅定即言语通断。“猿心”喻没有止息的染心或不安定的尘心。

全诗大意为：沿着脚下的石径上山，一路观看雪后初晴的景色，不觉一步步进入清幽的山豁深处。白雪反射过来的光线杂乱无序，倒使幽谷里通明透亮；寒冷的虚空四周千重叠嶂，却显得天幕之下格外洁净。来蓝谷游赏本是公余闲闲暇时的好爱，到了晚霞残留的时候月亮将要出来映照。上孤峰造访“远公”（准上人）的精舍，只有一条高悬的石径。透过云层能看见被阻隔的窗前灯火，松林下面已听到山寺的磬声。只是客到之时两人皆忘言语，唯有我这尚无止息的染尘之心对着准上人已入禅定的净心。

此诗记述的是诗人在公务之余到化感寺参谒准上人的一路见闻。虽是时在秋末，山寺已见冬雪。诗人通篇不言雪字，却写雪后景致，直把雪后初霁的雪光返照、清寂明净，以及云窗灯火描写得逼真至极，勾勒出一幅绝美的灵境画图。读来若随其行，如临其境。细品出离尘俗，禅味十足。

《梦寻西山准上人》写在入京为官之后，为钱起梦忆准上人的思念之作。诗曰：

别处秋泉声，至今犹在耳。
何尝梦魂去，不见雪山子。
新月隔林时，千峰翠微里。
言忘心更寂，迹灭云自起。
觉来缨上尘，如洗功德水。

诗题所言“西山”指蓝谷西崖山峰，即化感寺西来孤峰。准上人曾至云际寺暂住，后又返化感寺。云际寺在今西安市鄠邑区，有李端《题云际寺准上人房》与司空曙《寄准上人》诗为证。诗中“雪山子”，出自释迦牟尼在雪山（喜马拉雅山）修行的传说，故以雪山子喻出家僧人，此处指准上人。“言忘”，参阅《杪秋南山西峰题准上人兰若》诗中有关两人对坐无语的记载，此处意指不可用言语表达的禅定之境。“缨上尘”，见《孟子》所载《孺子歌》：“沧浪之水清兮，可以濯我缨。”“功德水”即佛教中所称的八功德水。按《阿弥陀经》西方极乐世界“有七宝池，八功德水充满其中”。依《俱舍论·分别世品》云，须弥山下大海中有八功德水，八功德曰：一甘、二冷、三软、四轻、五清净、六不臭、七不损喉、八不伤腹。

全诗大意为：分别之处的秋泉声音，至今犹在耳边回响。这何尝不是梦魂飘去，只是不见雪山子（准上人）的人影。当一弯新月隔林相照时候，千叠山峰一齐融入在翠微色里。此时入定言忘（语默）心里更为空寂，万象寂灭唯见云彩自然升起。一觉醒来冠缨上的尘土似已扫去，如同在功德水里洗过一般。

这首思念之作虽为梦寻旧地故交，实则刻意突显诗人心系佛门、修习禅定的体悟，亦是官任右拾遗时若有所失、有意回归的一种心境表达。

《山斋独坐，喜玄上人夕至》写于归隐玉山旧居时期，为钱起在书斋接待空寂寺玄上人的一首诗作。诗曰：

舍下虎溪径，烟霞入暝开。
柴门兼竹静，山月与僧来。
心莹红莲水，言忘绿茗杯。
前峰曙更好，斜汉欲西回。

诗题所言“山斋”，位于化感寺下的竹林边，是钱起归隐玉山旧居时期在寺旁搭建的山中书斋。“玄上人”，空寂寺高僧大福和尚的弟子，因与准上人同门，故常往化感寺。钱起另有《哭空寂寺玄上人》诗。诗中“虎溪径”即沿虎溪流水通向化感寺的石径。“红莲”，一作莲花，佛教以莲花为象征物，取其洁净

钱起山斋遗址

无垢之意。“言忘”，入定则言语通断，即为忘言。“好”一作“早”。“斜汉”指银河斜横夜空。

全诗大意为：我的书斋下面是虎溪旁的石径，烟霞到了日落时候才会散开。柴门因对着竹林显得分外寂静，山月升起时正好遇到玄上人前来。对坐入定心中顿觉晶莹透亮，如盛满红莲之水；语言通断之时，竟忘了杯里沏好的绿色香茶。窗前的山峰在曙光里更加美好，横斜的银河却在天空中慢慢地消失了。

这首五言律诗以诗人与玄上人坐禅为题，含蓄而生动地描写了山斋周围的环境和坐禅的时间，记述了禅坐入定之后二人相互无语，竟忘了茶杯里尚有沏好的香茗的情形。此诗写得细致入微，活灵活现，富有禅味。

《题精舍寺》一诗是钱起任官蓝田时所写，为游历化感寺题赠。诗曰：

胜景不易遇，入门神顿清。
房房占山色，处处分泉声。
诗思竹间得，道心松下生。
何时来此地，摆落世间情。

诗题“精舍”指化感寺。诗中“道心”谓悟得佛理之心。

全诗大意为：像这样的胜景是不容易遇到的，入得门来便使人神志顿时清醒。这里房房占足了山势特色，处处分享着泉水声响。诗歌的思维往往从翠竹间得来，佛理的心悟则在青松下发生。何时能来此地安居，好让我放下这世间的难了之情。

此五言律诗，文句洗练，对仗工整，写得动静有致，情景交融，把山寺的特色和诗人的感触表现得淋漓尽致。

韩翃题兰若

韩翃为中唐初期的著名诗人，在“大历十才子”中享有盛誉。

韩翃画像

依《极玄集》《唐诗纪事》《本事诗》等记，韩翃，字君平，南阳（今属河南省）人。唐天宝十三年（754）进士及第。“安史之乱”爆发时，曾上诗哥舒翰，有意投军。唐宝应元年（762），平卢节度使侯希逸加领淄青，用作府中掌管书记，领朝街检校金部员外郎。唐永泰元年（765），随侯希逸入京，后又出为汴宋节度使田神功等幕府为从事。唐建中元年（780），因《寒食》诗为德宗赏识，官任驾部郎中、知制诰，后迁中书舍人，卒于官任。韩翃著有《韩君平诗集》。

韩翃少负才名，不仅以诗文方面的造诣为朝野看重，也因许尧佐所撰的《柳氏传》而成千百年来的传奇人物。他的诗多为送别题赠，占到全集三卷的十之八九。但叙事写景手法圆熟，工整清丽如芙蓉出水，故有不少上乘佳作名句。如《寒食》中的“春城无处不飞花，寒食东风御柳斜”，《送故人归鲁》中的 “雨余衫袖冷，风急马蹄轻”，以及《酬程延秋夜即事见赠》中的“星河秋一雁，砧杵夜千家”等，其用笔之轻巧、描景之别致、遣词之讲究由此可见一斑。

《题玉山观禅师兰若》是诗人官任中书舍人时所写，为游蓝谷在化感寺时在虎溪旁的山院里的题赠。诗曰：

玉山宴坐移年月，锡杖承恩诣丹阙。
先朝亲与会龙华，紫禁鸣钟白日斜。
宫女焚香把经卷，天人就席礼袈裟。
禅床久卧虎溪水，兰若初开凤城里。
不出嚣尘见远公，道成何必青莲宫。
朝持药钵千家近，暮倚绳床一室空。
掖垣挥翰君称美，远客陪游问真理。
薄宦深知误此心，回心愿学雷居士。

诗题“玉山”即今蓝谷西侧芦山，古时又通称玉山。“观禅师”为住锡化感寺虎溪山院高僧。诗中“宴坐”指安居。“丹阙”指皇宫。“会龙华”即龙华会。按《荆楚岁时记》云，四月八日，诸寺各设斋，以五香水浴佛，作龙华会，以为弥勒下生之征。“天人”指皇帝。“虎溪”即流经化感寺之溪。“凤城”指长安。“嚣尘”，尘世。“远公”，本是庐山慧远，此喻观禅师。“青莲宫”，佛教中以莲花叶修广，青白分明，有大人眼目之相，故取青莲以喻佛眼，此指佛寺。“掖垣”，唐时门下省与中书省分列大明宫宣政殿之左（东面）右（西面），在禁墙左右两掖，因称掖垣。韩翃时在中书省，故以掖垣自称。“真理”指禅门所谓的无为之真如，即心物俱入真如之境的真谛玄理。“雷居士”即雷次宗，字仲伦，豫章南昌（今江西南昌市）人，少入庐山，曾与慧远、刘遗民、周续之、宗炳、张诠、毕颖之等结社念佛，号称“莲社十八贤”。

全诗大意为：来玉山安闲乐坐已不知推移了多少年月，风华当年的禅师曾手执锡杖承皇恩旨意出入禁宫内廷。先朝的圣皇亲自参加禅师主事的龙华法会，紫禁官苑的钟声一直鸣响到午后日斜。宫女燃香手把着经卷，圣皇就席来礼拜身着袈裟的禅师。禅师久卧的禅床在虎溪水边，初开兰若是在凤凰城（指长安）里。那时不出喧嚣的尘世人们就能见到像远公（庐山慧远）一样的高僧，修成佛道何必要到青莲宫（佛寺）中？早晨持着法药之钵千家施主近在眼前，晚间身倚绳床歇息可谓一室皆空。掖垣（中书舍人代称）我挥笔将君（禅师），赞美远来的客人在禅师陪同下游览，讨问佛门的真谛玄理。俸禄徽薄的宦者深知这官场会误此身，真愿就此回心去学虔诚向佛的雷居士。

这首诗以娴熟的笔法生动地记述了观禅师在京城长安的风光岁月和栖身化感寺的禅林生活，以及诗人挥笔题书讨问真谛玄理的情形，表达了作者虔诚向佛的一片心愿，写得酣畅淋漓，妙趣丛生。

居易访山寺

白居易画像

在中唐时的诗人中，白居易可谓最杰出的代表人物之一。他的诗歌流传近 3000 首，不仅在数量上高居唐代诗家之首，且因反映的题材内容十分广阔，艺术风格又平易自然，意到笔随，不事雕琢，而享誉中外，影响深远。

依《旧唐书》《新唐书》与《唐才子传》记载，白居易（772—846），字乐天，晚年号香山居士，族门排行第二十二。祖籍太原，到曾祖父时迁居下邽（guī）（今陕西省渭南市）。他出生于新郑（今河南省新郑市），后至荥阳，少年时避乱江南。唐德宗贞元十六年（800），以第四名进士及第，贞元十九年（803），授秘书省校书郎。唐宪宗元和元年（806），授官盩厔（今陕西省周至县）县尉，次年调充进士考官，为翰林学士，再拜左拾遗。元和六年（811）四月，其母陈氏卒，丁忧（守孝）渭村，并迁葬其祖、父于下邽。元和九年（814），授太子左赞善大夫。元和十年（815），因宰相武元衡被李师道、王承宗遣人刺杀，上疏捕凶，遭贬江州司马。后迁忠州刺史，元和十五年（820）召还任尚书司门员外郎。唐穆宗长庆元年（821），拜尚书主客郎中、知制诰，加朝散大夫。次年出任杭州刺史，其后又任苏州刺史。唐大和元年（827）还京，任秘书监，次年转刑部侍郎。大和三年（829），以太子宾客分司东都，次年又任河南尹。大和七年（833），再授宾客分司。唐会昌六年（846），八月卒于洛阳，赠官尚书右仆射，葬龙门香山，李商隐为其撰墓碑铭。有《白氏长庆集》传世。

作为新乐府运动的倡导者，白居易主张“文章合为时而著，歌诗合为事而作”（《与元九书》）。他的诗歌取材广泛，内容丰富（曾在江州自编诗作十五卷，分讽谕、闲适、感伤、杂律四类，讽喻、闲适占大部分），尤以大量记事的讽谕之作名动朝野，且描述生动，流利畅达，语言通俗，浅显易懂，能以歌谣传唱当时，故被世人誉为“诗魔”“诗王”。日本人称白居易为“诗神”，唐宣宗赞他是“诗仙”。如宣宗李忱《吊白居易》诗云：

缀玉联珠六十年，谁教冥路作诗仙？
浮云不系名居易，造化无为字乐天。
童子解吟长恨曲，胡儿能唱琵琶篇。
文章已满行人耳，一度思卿一怆然。

屡为京官的白居易爱好山水，性喜交游，与元稹、刘禹锡、崔玄亮、崔群、钱徽（钱起之子）、刘敦质等过从甚密。同不少士大夫一样，白居易亦受念佛习定的感染，曾依禅门北宗法凝《八言》写下著名的《八渐偈》。他常来蓝田游历、旅居，并多次路过这里，题咏蓝田的诗章有12篇之多。其中《游悟真寺诗》达130韵，堪称中国历史上写寺长诗之最。

《化感寺见元九、刘三十二题名处》一诗写在元和九年（814）秋《游悟真寺诗》之后，当为丧母丁忧渭村三年服满时期。诗曰：

微之谪去千余里，太白无来十一年。
今日见名如见面，尘埃壁上破窗前。

诗题“元九”，即元稹，字微之，族门排行第九。刘三十二，为刘敦质（？—804），字太白，族门排行第三十二，彭城（今江苏省徐州市）人，唐刘知几之曾孙（见《元和姓纂》卷五、《新唐书·宰相世系表一上》）。诗中“微之谪去千余里”指元稹元和五年（810）被贬江陵（今属湖北）府士曹参军。“太白无来十一年”指刘敦质贞元二十年（804）卒，至元和九年（814）正好11年。“见名”即看到元稹与刘敦质题在化感寺墙壁上的名字。

全诗大意为：微之（无稹）被贬谪去了千余里外的江陵，太白（刘敦质）不来（去世）这里已11年了。今日见到他们的题名如同又见了面，只可惜是在破窗前落满尘埃的墙壁上面。

这首七绝是诗人在化感寺见到好友元稹与刘敦质的题名后感慨而作。全诗不过寥寥数语，却写得意境深沉而气氛凝重，思念之情跃然纸上，读来唯觉友爱至真。

元稹写竹枝

元稹与白居易齐名，史称“元白”，同为新乐府运动的倡导者。

依白居易撰《元稹墓志铭》及《旧唐书》一百六十六卷、《新唐书》一百七十四卷所载，元稹（779—831），字微之，别号威明，河南（今河南省洛阳市）人，后迁居京兆府万年县（今西安市长安区），北魏宗室鲜卑族拓跋部后裔。祖上历代为官，父元宽，曾任比部郎中、舒王府长史，赠尚书右仆射。母荥阳郑氏，追封陈留郡太夫人。元稹为四子，8岁丧父，其母郑氏贤惠能文，亲授书传。唐贞元九年（793）15岁的元稹以明经科擢第，贞元十五年（799）初仕河中府，贞元十九年（803）试平判科入四等，授秘书省校书郎。唐元和元年（806）应制策入三等，授左拾遗。未几因受疑忌，出为河南县（今河南省洛阳市）尉。不久母丧丁忧。元和四年（809）服除，得宰相裴洎提拔为监察御史，出使剑南东川，劾奏不法官吏，为此得罪宦官权贵。元和五年（810），宦官仇士良等人与元稹争宿驿舍正厅，并借机羞辱元稹，宪宗反贬元稹为江陵府士曹参军。江陵居四年至元和十年（815）春回长安，又徙通州（今四川省达州市）司马，再四年转虢州（今河南省灵宝市）长史。元和十四年（819），征召回长安，任膳部员外郎。次年得到宦官崔潭峻引

元稹画像

荐，提拔为祠部郎中、知制诰。唐长庆元年（821），迁中书舍人，赐紫金鱼袋，充翰林学士承旨。长庆二年（822），其以工部侍郎拜平章事。元稹居相位三个月，即为依附另一派宦官的李逢吉所倾轧，出为同州（今陕西省渭南市大荔县）刺史，后改浙东观察使。唐大和三年（829），入京为尚书左丞，又改检校户部尚书，出为鄂岳节度使。大和五年（831）七月，遇暴疾逝于任上，年53岁。大和六年（832）七月，归葬咸阳洪渎原，白居易为其撰墓志铭。

元稹生前自编诗文100卷，题名《元氏长庆集》，又集古今刑政之书300卷，号为《类集》。今存《元氏长庆集》60卷、《类集》100卷，有诗歌800余首。其诗铺叙曲折细密，描写生动真切，常借古题而创新意。特别是乐府诗作，文辞哀婉，若孤凤悲吟，扣人心扉，感人肺腑。据白居易所撰墓志铭记，其在翰林院时穆宗前后索诗数百篇，命左右讽咏传唱，宫中呼为"元才子"，诗歌广泛流传"六宫、两都、八方至南蛮、东夷国"。

元稹处事刚直不阿，待人风雅情真，一直是其被人看重和推崇的原因。他与诗友交往情感真挚，"元白之谊"至今依然为人称道，可谓流芳千载。其和诗首创"次韵相酬"，亦见用心之诚、用情之专。他的艳诗与悼亡诗凄婉动人、优美自然，而文笔艳丽的名文《莺莺传》则是唐人传奇之中的名篇。

与白居易一样，元稹亦同禅门有缘，曾祈愿北祖神秀大师归葬的当阳度门寺，留下有名的二十韵《度门寺》诗。元稹多次路过蓝田，并在此客居游览，今存诗5首。化感寺有过他的题名，可惜未见流传下来的诗咏，不过有一首《山竹枝》则自注了山竹枝自化感寺携来投入辋川水中的经过。

山竹枝

（自化感寺携来，至清源，投之辋川耳）

深院虎溪竹，远公身自栽。
多惭折君节，扶我出山来。
贵宅安危步，难将混俗材。
还投辋川水，从作老龙回。

诗题“山竹枝”乃化感寺竹，作者自注是自化感寺携来，到了清源寺（王维与母葬此，原为王维在辋川南山所建山庄，后上表舍庄为寺），投于辋川水中。诗中“虎溪”为流经化感寺的溪水，因虎侯山得名。“远公”，原指庐山慧远，此喻化感寺高僧。“贵宅”指王维故居山庄，当时已为清源寺。“从作老龙回”句，系用《后汉书·费长房传》（见卷八十二，方术七十二）典故，仙人壶公赠费长房一根竹杖，长房乘竹杖回家，后投竹杖至葛陂中，杖化为龙。

全诗大意为：幽深的山院里有翠竹生长在虎溪旁边，那是远公（喻化感寺高僧）亲自栽培的。说起来多么惭愧，是我毁坏了它的竹节，用作竹杖帮扶我出得山来。到了贵人王维的故宅哪有危险之路？不过这竹杖是很难将它混作普通的山材而扔掉的。还是投入辋川的水中，让它化作一条老龙而回归吧！

此五言诗写于元和十年（815）春，元稹自江陵西归留宿蓝田窦十二（晦之）宅时，在游化感寺并题名寺壁之后又至辋川拜谒王维墓所作。诗以“山竹枝”为题，寓意化感寺与清源寺游历于其中，又妙用竹杖之典故，彰显此行不虚。全诗文辞简约，朴实无华，读来却有超凡脱俗的魅力。

第七章　寺　之　游

如是游者，你当陶醉在寺院山水的奇妙之中，洗去谋生劳作的疲惫，除却沉郁心底的苦闷；倘是禅者，你会来此追寻当年古贤的芳踪，体味禅林生活的情趣，感受山豁独有的空寂。也许人们还未曾留意过它的存在，可一旦亲近它会把“流连不已”这个珍贵的印象刻入人的脑际。

寺 从 蓝 谷 入

从西安纺织城上西蓝高速，沿 312 国道经水陆庵即进入有着无数历史传奇的蓝谷。

入得谷来，只见蓝水两岸绝崖对峙，壁悬石虎，峡流奔马，势若雷声滚动，无不显示出蓝谷古道的雄奇威严。这里曾是秦始皇驱车出巡荆楚的驰道，古栈道的石孔至今仍依稀可寻。

蓝谷之美在于其天生丽质，蜿蜒曲折的蓝水如一条玉带从天边飘落，舒展在山豁之间。澄澈的泉水溪流，迷人的高山天河，常从危崖半壁喷泻而出，有着难以描摹的万千气象。诗人杜甫在此留下“蓝水远从千涧落，玉山高并两峰寒”的名句，堪称“诗苑画屏”而为世人称绝，虽历经千古仍传诵不已。

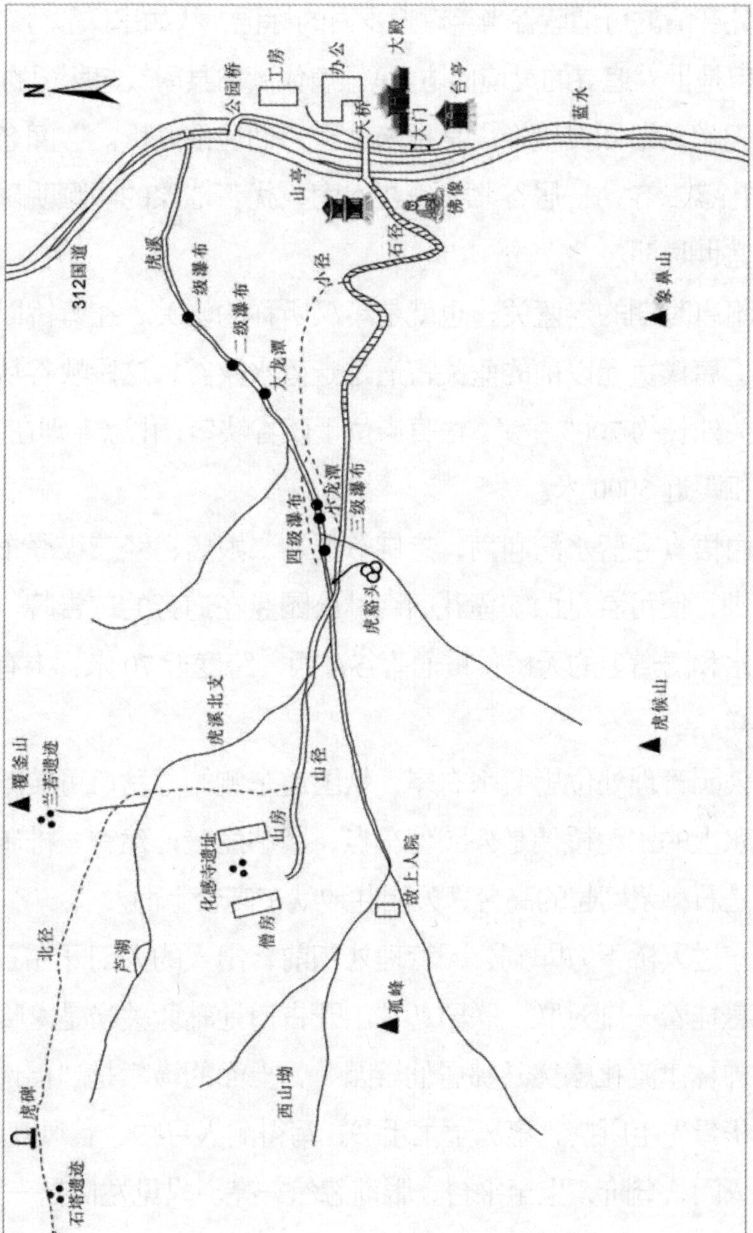

西安莲花山森林公园示意图

梵音清韵可谓蓝谷当年辉煌岁月的标记，状如串珠般分布在山谷的佛寺自是世人追寻的灵境仙坊。正像唐代蓝田县尉钱起所记的那样："稍入石门幽，始知灵境绝。冥搜未寸晷，仙径俄九折。"闻名史籍的悟真与化感二寺，一居谷北，一在谷南，犹若璀璨的两颗明珠闪亮于隋唐的盛世时期。

隋唐时期的老蓝关，也就是秦汉所称的峣关，在蓝桥以北的窄坡关下。唐代贞元以前的蓝关古道是走蓝水峡谷，这段峡谷从蓝谷口至古蓝关处长约7000多米。悟真寺位于蓝谷峡口，化感寺则在蓝关以北，两寺相距近5000米。

由悟真寺蓝水湾向南，走佛爷腰、二娘店，经三级瀑布，转过覆釜山脚，便可看见西安莲花山森林公园竖在道旁的广告牌。一座横架在蓝水和国道上的天桥，贯通蓝谷东西，跨度近70米，上有公园广告的字样。

公园管理处位于蓝水右岸，从国道东侧的分岔口可转向进入。过了蓝水上的水泥桥便是公园停车点，紧贴崖壁处建有一排砖房。房屋以南是石料浆砌起的高台，公园驻地就在高台上面。

穿过天桥下方即到公园管理处门前，出入的大门开在石壁上，门两旁悬挂着一副对联。联曰："山开古道地辅蓝关当是龙吟虎啸处，水滋禅林津渡化感犹云佛居仙游园"，上面的横额是"福地梵天"。联由华胥先生所撰，惠风堂主手书，写得耐人寻味，且风度不凡。

入门，登阶，上至平台，眼前忽然一亮。只见左侧是一重檐山亭，右前是依山建筑的5间大殿和4间厅堂。一色琉璃装饰，雕梁画栋，显得格外惹眼。

大殿中间供奉着释迦牟尼与弟子迦叶、阿难的塑像，两侧是禅宗诸祖和化感寺高僧的画像与事迹介绍。其中，化感寺灵润、道岳、志超、义福、惠福等高僧的行迹，因以前少有人知，故颇引禅门中人的极大关注。

厅堂内陈设的是化感寺的图片与书法作品，墙上挂着著名诗人王维、裴迪、钱起、韩翃、白居易、元稹等人的画像、简介与作品介绍。最有特色的当是临摹王维的《辋川图》长卷，钱起的诗配画挂图，在展室中别有一番风韵。

如来坐像

天桥在厅堂对面，为钢质桁梁，高 3 米有余，上覆雨棚。走天桥过蓝谷，西岸又见一山亭。亭南是一组高达 9 米的露天佛像，依山临水，庄严肃穆。结跏趺坐的是释迦牟尼，左右两边站立着迦叶与阿难。释迦牟尼神情自若，一双眼睛半开半合，似在用他那睿智的目光平等地注视着过往的芸芸众生。

去化感寺的路在一个小山沟南侧，曲折而上的石径约 900 级台阶，加上山道全部里程近 3000 米。

飞瀑与碧潭

山亭西南有登山的石阶，曲折向上的石径沿着小山沟一侧蜿蜒入高处。走完 500 级台阶，便上至一个不大的平台。回看来路，俯瞰蓝谷，唯见公园管理处的倩影，位于足底的殿宇在太阳的照射下闪烁着耀眼的光芒。

溪水峡谷景致

虎溪山涧在小山沟北面。顺着右侧的山径攀上矮木丛生的山脊，幽深的溪水峡谷便现于眼底。

站在梁头，纵目四望，流峡飞瀑尽入眼帘。奔流湍急的溪水如脱缰的野马驰过光滑白净的岩面，在逐级跌落的高崖形成漫岩悬流飞瀑，似一道道晶莹闪亮的珠帘挂在青翠欲滴的峡谷间，为富有文化底蕴的虎溪平添了一份迷人的色彩。

迭生的瀑布由上至下，难计数目，就气势而论，有两处四级。

四级瀑布在右前方，溪流从高达 60 余米处泻落，在涧底冲击出了一个达 30 平方米的深潭，碧绿的水面与两岸的翠色相映成趣。

三级瀑布与四级瀑布相近，在正前方。高差和瀑宽虽只及四级瀑布一半，然威猛的势头却使前者汗颜。

令人赏心悦目的是三级瀑布上方有段稍微平缓的峡谷，激越的清流在这里回旋出一泓偌大的碧水，即大龙潭，人称小湖印月。尽管湖面不大，仅有百余平方米，但是在这峡谷中已是难能可贵。

虎溪瀑布

也许这里的秋水明月最为诱人。烂漫的黄花、绯红的栌叶伴着挺拔的青松，把小湖周围装扮得分外艳丽。宁静的水面倒映出花秀叶红与松翠交合的美景，清幽的峡谷则不绝山涧的鸣响，时而飞至的灵鸟在湖面盘旋，使人恍若身处世外仙境。倘是月夜，波光涟漪，寒星闪烁，当能体悟到此处独有的寂空。山风袭来，清凉毕至，那感觉像是有洁净的无形之水在洗涤人的心肺，除去一身尘垢，顿觉遍体爽清。

沿着山脊向上行进，不久即与山道汇合。山道临峡谷一侧丛林密布，把深涧遮得严严实实，难见上方峡谷的真实面目。只是从回荡的涧水咆哮声判断，一二级瀑布已经到了。

拨开树丛看时，人的心底会不由一颤，深邃的峡道竟在脚下，若不是有丛生的树枝护持，当真会有头晕目眩的感觉。

下视二级瀑布，高差不过 30 多米，宽度亦不足 2 米。但清流倾泻，断续而落，飞溅石上，如珠似玉，独具别样风采。

二级瀑布下方有一深潭，即小龙潭，岸边又见一平板状的岩石伸入潭中。夏日消暑，戏水作凳，倒是物有所值，妙有情趣。

一级瀑布同二级瀑布相邻，是虎溪瀑布的最高一级。溪流从高达 60 米的崖上倾泻而下，在宽约 4 米的石幔上生成壮观的飞瀑，令往来游人不禁为之痴迷。

再继续前行便是诗画名家王维笔下的虎豁头，一个尖嘴样并不高大的山包。其形状似猛虎，昂头蹲在四级瀑布岩崖上面，甚是威严地俯看着溪流和上山的访客。诗人王维就此写下的华美词章被人们千古传唱，昙兴上人亦随诗中的画面，把“暮持筇竹杖，相待虎豁头”的影像永远留在了虎溪的山水之间。

五大深潭和四道飞瀑与虎豁山包连成一体，共同构建了诗人王维在《游化感寺》诗中所谓 “龙宫”与“虎穴”的遐想空间，从而赋予化感寺以“龙宫连栋宇，虎穴傍檐楹”的绝妙写照，真是信手拈来，谐趣天成。

古刹觅灵迹

上到虎谿头，溪流深切的峡谷就此终止，山谷逐渐变得宽阔起来，眼界忽而为之开阔。湛蓝的天幕如覆临头顶，与环抱的青嶂相接，幻化出一方尘垢不染的净地。

涉水过溪，步入静谧的山林，时见巨石横道、古藤绕木。林间的晦暗、幽处的寂冷，和着徐徐的山风、潺潺的流水，清音洗耳，绵绵不绝，这当是禅者体味空寂的灵境了。

走出山林，光明普照，一片开阔的缓坡呈现在眼前。这就是当地俗称的寺坡，化感寺的遗迹便在这里。

沿着寺前平直的土路缓缓走近，左侧的虎溪旁是一片竹林。竹子是何人栽的，今天已无从知晓。诗人元稹在《山竹枝》一诗说是老一辈高僧所栽，是义福还是惠福不得而知。诗人钱起有《山斋独坐，喜玄上人夕至》诗，说他的山斋“柴门兼竹静”。山斋或在这条路右侧的平台上，竹林便非此莫属了。

化感寺殿宇遗址

走过竹林，右侧即是化感寺殿宇遗址。从正面看，寺院背负一道树木葱茏的山梁，近东西走向，人称青龙岭；西侧又有一道山梁，向西北延伸与青龙岭相交，中有清泉汩汩涌流。

整体院落布局可分三阶三进，坐北面南。按一般寺院建置，分为前殿、中殿、后殿。其中，规模最大的当是后殿，或称大雄宝殿，宽度或可达到 9 间。大殿两侧应有厢房廊庑，只是在公园开发时两边各盖了一排青砖瓦房，故已无法判知原有两厢建筑规模。

柱石

青砖瓦房

从现存遗址看，三级台基均由石条砌就，曾被民众开为稻田，泥土下方到处可挖出瓦砾、砖块，还有陶瓷残片。二级台基的泥土中，发现一门墩柱石，有门坎刻槽。西侧瓦房前，摆着一台石磨，看上去也颇有些岁月。

东西两处瓦房各为 9 间，设有旅游餐饮服务，往来公园的游客和倾心山水的禅者，可在这里小憩品茗，用餐留宿。瓦房之中另有佛堂，有心于此的禅门中人不妨来这里礼佛坐禅。

向西转过山梁为虎溪的发源地——西山坳，坡上阶梯状的平台逐级而起，似乎还保留着当年的痕迹。过去这里是化感寺僧人居住的生活区，有寮房僧舍和炊饮作坊。“会昌灭佛”废寺以后此地曾成为民居，如今寺院碾谷的石碾还在，石砌水井中的井水仍清澈如初，味道甘甜。

朝南涉过虎溪，沿孤峰山脚向东，转上山梁端头，有排依岩壁修建的 5 间土房。土房坐西面东，两侧临溪，北为虎溪干流，南是虎溪分支，建在一个约400 平方米的石台上面，下为两级近 20 米高的险崖。此处过去是寺院的上人院，为惠福、义福、昙兴上人、准上人等知名高僧的住所。

西山坳石碾

西山坳水井

独特的地理环境，奇异的构建风格，正如诗人钱起在《杪秋南山西峰题准上人兰若》诗中所写的那样：“上诣远公庐，孤峰悬一径。”“远公庐”即上人屋。“孤峰”不容置疑，正是西来山脉伸延至此的岩梁，两面临谷而为孤峰。至于“悬一径”的来由，则恰恰是登上险崖的那两段石级。逼真的描摹，形象的比喻，若非身临其境，任由如椽大笔也是难以写出来的。

北山寻法堂

从古寺东边的小径绕过岭头，便进入郁郁葱葱的北山溪谷。这个溪谷就是诗人王维在《过福禅师兰若》一诗中所言的“岩豁”。

溪谷之中有一古道，自虎豁头处沿虎溪北支流伸延过来，可通往山外的李家沟、徐家山。诗人元稹曾走此道拄着虎溪竹杖由这里出山，《山竹枝》诗有“多惭折君节，扶我出山来”一句可为佐证。

循古道依青龙岭北侧行进，溪谷逐渐开阔起来。丛生的草木青翠欲滴，直欲染绿人的双眸。高处的山林烟雾缭绕，令人难以窥探深藏其中的奥秘。

向北跨过溪流，即至覆釜山坡下。覆釜山以形似覆釜得名，惠福禅师的山院便隐匿在覆釜山腰的密林之中。

覆釜山小溪

通往山腰的路，如王维所记只是一条“微径”，历经千百年的沧桑变化今天已难辨认。不过有“藤阴水更凉”的诗句，自然令人想到足下与古道相傍的小溪，看来只好选择这道小溪溯源而进了。

沿着小溪搜索前行，不觉进入遮天蔽日的丛林。溪水在林荫里淙淙流淌，声韵如同弦动，荡出悦耳的声响。野雀在枝头翻飞，不时发出欢快的鸣叫，好似迎接久违的客人。

小溪谷里别是一幅原生态景象，劲挺的苍松、翠绿的黄栌，以及随处可见的古藤绕木无不使人感到奇异。令人惊讶的是，溪水旁边有一丛绿皮树木，十分招惹人的双眸，据说这是北方不多见的稀有植物绿桐。诗人李白有云：“琴奏龙门之绿桐，玉壶美酒清若空。”可见这绿桐在文人雅士心目中的地位。

北山溪谷瓦砾

上到小溪尽头，已是覆釜山腰，忽遇白雾袭过林间，霎时人与人对面竟难相辨，也许这就是山间独有的风情，白雾过后山林又现出本来面目。然而，就在这时足下出现了零落遍地的瓦砾砖块。再向前行林间豁然开朗，一块小台出现在溪谷中央。

细看这块小台，似有建筑痕迹。台后是一片彼此交连的葛藤蓬荫，涓涓的泉流从藤荫下缓缓淌出，分明是王维所写“藤阴水更凉”的诗境。至于那块小台上面的建筑痕迹，或是僧人取用泉水建立的庙房吧。

由藤荫西侧向左，便转上一块林坪，这里就是王维笔下的“云林隐法堂”了。这块林坪约有十多亩地大小，北依覆釜山丘，南对虎侯山梁，不失为背风向阳的幽雅圣居。当年惠福禅师在此辟设法堂，禅坐清修，声名遍播秦中大地。如今岁月流逝，曾经的道场已演化为林坪，唯余残砖破瓦在诉说昔日的辉煌。

走进这块坪地，顿觉绿荫遮天，昏暗异常，混交的青松与黄栌、栗树把林坪遮得密不透风。穿过林坪，有一小道，沿覆釜山长梁蜿蜒西伸。比照王维《过福禅师兰若》一诗，除了竹林毁于天灾与山猪祸害，古藤、清泉、春路无一不入诗画，只是兰若不见影踪，如今已难觅其迹。

古道探奇趣

顺着覆釜山腰向西伸延的小道，走出丛林有一梁坡高台。站立高台，看虎溪支流没处，竟是一大片芦苇湿地，芦丛中间隐约现出一池碧水。近处山坡全是连片的栗树，嫁接的板栗已结出毛茸茸的果实。远处是芦山向北延伸的林莽，在前方与覆釜山西梁的密林交汇，围出一方幽深的泉谷林海，显得十分壮观。

虎侯山石碑

复入梁坡密林，不多时便攀上山脊。山脊高处，苍松稍显瘦矮，但仍感晦暗少明，顾盼南北，亦不知身在何处。

沿山脊南侧向西，梁坡开始趋于平缓，枯落的枝叶铺满林间，不少地方厚达数尺。人在上面行走如踩在柔软的海绵垫上，有时也会没入深及膝盖的枯叶之中。

未留意间山脊转向西南，蓦然林间透进了亮光，一片林木稀疏的平地出现在梁头。平地上树立着一块石碑，由花岗岩镌刻而成，表面虽略显粗糙，然多数字迹尚可辨认。上书：

奉祀

神力浩大

虎老爷神位

□□□城

□□五十□年□□□日立

显然，碑上奉祀的虎老爷为此地的山神。这山神不是别人，当是虎侯山祠所奉的商鞅。当年他以富国强兵的奖励耕战之策，使秦雄视六国，声名远扬。因商鞅战功显赫秦孝公封他商於15邑，并建祠以彰显其德。这块石碑可谓后人对这位先秦政治家萌生的一种敬畏与祈愿的心意表达吧！

过了石碑，行约半里，可看到3个大坑，排布在梁脊左侧的松下。大坑方圆3米，被覆松枝针叶，不知深浅，人道是唐令公郭子仪用兵所留。唐广德元年（763）十月，吐蕃兵陷长安，德宗出走陕州，朝中众官经蓝谷前往从驾。吐蕃兵追至蓝田，占据了县城，光禄卿殷仲卿率千人坚壁清野。这时郭子仪兵屯商州，巧施疑兵之计，令长孙全绪领二百骑到桓公堆，在此山脊布设疑兵，遍插旗帜，下挖大坑击鼓，上覆天蓬传音。白昼鼓声擂动，从山脊高处如传声筒般直达县城上空，似天鼓震响；夜晚燃起松明，呐喊声此起彼伏，令吐蕃兵惊恐不已。同时，又着百姓四处传言“郭子仪大兵从商州而至”。吐蕃兵在此抢掠一无所得，昼夜不得安宁，诚恐郭子仪兵到，遂悉数遁去。郭子仪大军乘机而出蓝田，收复长安。

郭子仪独具胆识，屡挽唐室危局，于此妙用疑兵出奇制胜，故传说朝廷在这里建有郭令公祠堂。可惜时代久远，幽林纵深，松叶遍覆，今天实难见其踪迹。

前行即为覆釜山长梁与芦山北梁的山脊会合处，站在梁头可北眺蓝田县城，将蓝川绣岭尽收眼底。而回头南顾，有时会见茫茫白雾中突兀出一座嵯峨的奇峰，直临头顶，煞似威严。此时，不由令人想起前面见到的石碑，看来人们对虎老爷的膜拜也与这奇峰不无相关。

梁头下方是向北通往山外徐家山、李家沟的古道。诗人贾岛曾从悟真寺旁穿过竹林，走这条古道进入化感寺参谒，在竹谷的竹林寺留下一首《题竹谷上人院》。诗曰：

禅庭高鸟道，回望极川原。
樵径连峰顶，石泉通竹根。
木深犹积雪，山浅未闻猿。
欲别尘中苦，愿师贻一言。

由梁头朝南有通向六郎关去的小径，受王维邀请前往辋川的化感寺僧，即走此道经六郎关，下苜蓿沟而至王维别业。离梁头不远有处遗迹，遗迹上仍可见散布的砖石。据说此处原是一座高僧石塔，不久前塔被人毁，铭文被盗，一字不存。

青山不了情

沿芦山北伸的长梁向南，攀上岩崖突出的孤峰，可一览化感寺全貌。极目所至，只见寺院地处青嶂四合的幽深溪谷，南面的虎侯山与北面的覆釜山如同一大一小的两个巨人，联手把整个寺院群落揽入怀中，而中间的青龙岭又斜向将谷间盆地分隔为南北两部，南部的溪流更在岭梁间切割出四道各异的豁沟。

寺隐山腹

奇特的地理环境造就出秀美绝伦的多样化山景。象鼻山（俗称驴头山）上的脊梁，光滑闪亮；覆釜山的釜形外表，独傲穹苍；西来孤峰的危崖圣庐，如高人指点迷路；虎侯山（今称芦山）绝顶的嵯峨峥嵘，若石虎般威猛……不一样的感觉，难以忘怀的受用，仅是亲近一次便可得来。

到过这里的人们莫不赞叹寺区的风光如诗如画。一年四季，风景迥异，变幻着各种迷离的色彩。

阳春，万木复苏，层林透绿，桃花红艳，柳枝婀娜，杜鹃泛白，山梅吐芳，有若香风袭人的花谷，为往来的踏青者钟爱之处。

盛夏，绿树成荫，萝蔓高挂，鸟鸣幽径，水韵碧潭，清风佳气，沁人心脾，诚如凉爽适意的仙境，实属难得的避暑胜地。

金秋，霜染红叶，果满枝头，涧鸣飞瀑，谷漫霞光，流云飘浮，山岚迭起，尤显佛门圣居的不凡气度，令朝山礼拜者钦慕不已。

隆冬，雪映青松，寒凝翠竹，岩悬冰瀑，石挂雪屏，山限隔风，锦鸡百啭，可谓萧瑟之中别有韵味，让刻意寻访的情操中人深悟其趣。

这就是名山圣寺的妙趣，天成的胜景丽色与独有的人文内涵，乃游者的栖神之处、禅者的归宿之境。

记下这个闪光在历史上的名字——化感寺，一个让人心动的绝妙去处！

附文

大唐故大智禅师碑铭并序

夫圣人以仁德育物者，则醴泉潜应而涌，嘉禾不播而植；神功以不宰宁运者，则元宗会境而立，正法由因而备。然则有灵允答，爰九畴而式叙；无为克成，超万象而宏济。暨今上文明，大开净业，溥福利真慈之泽，辟权智众善之门，精求觉藏，汲引僧宝。往必与亲，念则随应张皇通达之路，腾演元亨之衢者，其惟我大智禅师乎！

禅师讳义福，上党铜鞮人也，俗姓姜氏。系本于齐，官因于潞，载鸿休于邦牒，践贞轨于家范。曾祖雁门令，大父烈考，并栖尚衡门。禅师始能言已见总哲，稍有识便离贪取，先慈矜异，遗训出家。年甫十五。游于卫，观艺于邺，虽在白衣，已奉持沙门清净律行，始为邺、卫之松柏矣。远迹寻诣，探极冥搜，至汝南中流山灵泉寺，读《法华》《维摩》等经，勤力不倦，时月遍诵，略无所遗。后于夜分，端唱经偈，忽闻庭际若风雨声，视之，空中落舍利数百粒。又于都福先寺师事□法师，广习大乘经论，区析理义，多所通括，以为未臻元极，深求典奥。时嵩岳大师法如，演不思议要用，特生信重，夕惕不遑。既至而如公迁谢，怅然悲愤，追践经行者久之。

载初岁，遂落发，具戒律，行贞苦，自尔分卫，一食而已。闻荆州玉泉道场大通禅师以禅惠兼化，加刻意誓行，苦身励节，将投胜缘，则席不暇暖；愿依慈救，故游不滞方。既谒大师，率呈操业，一面尽敬，以为真吾师也。大师应根会识，过虎恼除，既而摄念虑，栖榛林，练五门，入七净，毁誉不关于视听，荣辱岂系于人我？或处雪霜，衣食罄匮，未尝见于颜色，有厌苦之容。积年钻求，确然大悟，造微而内外无寄，适用而威仪不舍。大师授以空藏，印以总持，周旋十年，不失一念，虽大法未备，其超步之迹，固以远矣。后大师应召至东都，天宫寺现疾，因广明有身之患，惟禅师亲在左右，密有传付，人莫能知。后圣僧万回遇见禅师，谓众人曰："宏通正法，必此人也。"

神龙岁，自嵩山岳寺为群公所请，邀至京师，游于终南化感寺。栖置法堂，滨际林水，外示离俗，内得安神，宴居寥廓廿年。所时有息心贞信之士，抗隐沦之辈，虽负才藉贵，鸿名硕德，皆割弃爱欲，洗心清净，斋庄肃敬，供施无方，或请发菩提，或参扣禅契。有好慕而求进修者，有厌苦而求利益者，莫不恳誓专一，披露尘恼。禅师由是开演先师之业，懋宣至圣之教，语则无像，应不以情，规济方圆，各以其器，陶津缘性，必诣其实，广燎明哲之灯，洞鉴昏沈之路。心无所伏，故物无不伏；功不自已，□功无不成。迷识者以悟日新，爱形者由化能革，不远千里，曾未旬时，腾凑道场，延衮山（谷）。所谓旃檀移植，异类同薰，摩尼回曜，众珍自积，其若是乎！如来以四谛法济三乘众生，以八正道示一切迷惑，其或继之者善，成之者性，非夫行可与真静齐致，道可与法身同体者，固难议于斯。

开元十年，长安道俗请禅师住京城慈恩寺。十三年，皇帝东巡河洛，特令赴都，居福先寺。十五年，放还京师。廿一年，恩旨复令入都，至南龙兴寺，曰："此人境之静也。"遂留憩焉。沙门四辈，靡然向风者，日有千数。其因环里市绝荤茹要归向者，不可胜计。廿三年秋八月，始现衰疾，闭关晦养，不接人事，诫诸门徒曰："吾闻道在心不在事，法由已非由人。当自勤力，以济神用。"众以为付属之萌也。明年夏五月，加疾减膳，廿四日申酉之□，有白虹十余道，通亘辉映，久而不灭。廿五日际晚，摄念开颜，谓近侍数人云："本师释迦，示现受生，七十有九，□般涅槃。吾今得佛之同年，更何所住？"又云："卧去坐去，亦何差别？”便右胁枕手，垒足而卧。此则知身非实，处疾不乱，奄忽弃世，无觉知者。皇帝降中使特加慰□，寻策谥号曰大智禅师，即大智本行，皆悉成就，以禅师能备此本行也。禅师法轮，始自听琶达摩，大教东派，三百余年，独称东山学门也，自可璨、信忍至大通，递相印属。大通之传付者，河东普寂与禅师二人，即东山继德，七代于兹矣。

禅师性笃仁厚，天姿通简，取舍自在，深净无边，苦已任真，旷心济物。居道训俗，不忘于忠孝；虚往实归，尤见其（语）默。有无不足定其体，名数安能极其称？元波难挹，高楝云摧，既离形器之表，当会神通之域。粤七月六日，迁神于龙门奉先寺之北冈。威仪法事，尽令官给。（士）绅缟素者数百人，士庶丧服者有万计，自鼎门至于塔所，云绝雷恸，信宿不绝。棺将临圹，有五色祥云，白鹤数十，云光鹤影，皆临棺上，郁霭徘徊，候掩而散，近古归墓灵相，未有如斯之盛也。禅师之季曰道深，力方坟而心静；弟子庄济等，营丰碑而志勤。伊余识昧，昔尝面禀，非以文词取拙，将为克慕在怀。览江夏立铭，涕增横坠；睹太原成论，悲甚慨然。攀缘苦集，愿望都断。有太仆卿濮阳杜昱者，与余法利同事，共集禅师众所知见实录，其余传闻，不必尽记。且离生灭是究竟无余，镂盘盂□古今难沫，顾才不称物，短绠汲深，犹昔人稽首东向，献心庐岳者，以为恳慕之极。况镌刻永世，不犹愈乎？其铭曰：

契真慈者，道为物先。灵力幽授，降劫生贤。爰兹大士，寂照宏宣。惠超三业，心空四禅。德溥甘露，言感清泉。翱轩宗极，念护无边。犹彼檀施施兮福未尝有，如彼戒瓶兮物无不受。石无磷兮白不涅，柏耐霜兮竹亭雪。今将离世兮无有量，永离苌缠兮辞生灭。门人法侣兮无归仰，刻石□周金兮状高节。望庐山兮摧慕，瞻朗□兮悲绝。

唐中书侍郎严挺之撰

大唐空寂寺故大福和尚碑

水之流也，激风以成其□；人之生也，积行以成其道。木有火，石有金。火非燧而莫出，金非炼而莫见，则知定以慧发，觉为行先，得之本无，求之不有。道自释迦举传达摩，末传于我大师矣。

师族于张，家于丰，含育在胎，异气所感，诞厥弥月，其目犹闭。有异僧见而惊曰："此西夏之圣者，当度众累，以宏大乘。"双□□倾□□眸忽开，允付授记。其卯也，识泯智叶，意裁道牙；其缁也，行苦业净，福薰果孰。

初于西明寺精《五分律》，后于南荆州宗大通。师默领法印，暗通幽键。大通谓师曰："萌乃花，花乃实，可不勉矣！"师闻之惕息，言下而悟，以为不生者生，起心即妄，无说是说，对境皆空。师得法而还，大通承诏而至，虽有灵山之别，不异龙花之会无何？大通居东洛师，师愿偕往。大通锡以如意杖曰："吾道尽在于兹。"以为如意杖者，比如意珠也，用之不尽，可教西土之众。于是我师遂留，施物以安，诱物以渐，慈摄神鬼，威伏虎狼，昆虫草木，罔不沾润。

景龙岁，敕授涂山寺上座。尝有神僧宴居曰："后四十年间，当有胜士继体是处。"事由冥契，因以宿感，我师应焉。又授荐福、庆山、龙兴三寺上座，皆承天诏，允从人愿。时之经名，于我何有？后经行于州浮东山曰："思公有记生之石，岂惟南岳，古犹今也，此地当可终焉。"开廿八（？或六）年五月五日，果敕置空寂寺。泉生意中，花雨象外，我师未兆而见，亦先天而不违。岑岭回环，州原沃荡，实为胜概，惬于所得。

道侣请于安国寺，以睿宗旧邸，肃宗跃龙之所，资于法器，以住持也。总持寺地□一道□又请安居。诲凡及圣，推贱等贵，久而谓门人曰："理本无碍，宁系我身？物皆有终，宁住于世？"以天宝二年二月廿二日右胁而卧，随化□也。国恸悲号，天地变色，八十九甲子矣，六十三僧腊矣。精气已去，容状不改，眉生发长，与世殊异。其年四月十八日入塔，乃□□□□灵□□□水咽□归榇□□□长道之□国人哀送，实切情之终，色界皆空，法身不灭，且天之□，贤愚□功□□之所□□□□□□□□□传□□□也。不然者，安得异僧而取称焉。

师之教也，不可以智知；师之道也，不可以□□知。□□□□□□□□□□□□□□□□□□□为荣也□以夫能息念，今独证如如。付嘱弟子大雄大□俱契心真佥□□□□□□□□□圆□□□自在故上□□□□□□□□□□□□悟具梵宫成立佛刹。入室弟子上座□福寺主□□□，树碑以天而生器也。□而就精，修由己身，□因□□也，□□□□□也，誓存于守护。释氏之塔，犹儒士之坟，□□□□□□□□在注以甘露□□人天沈理□自如，而相□悲□□使万劫将坏，而妙教常存。爰刻贞石，纪其铭曰：

真空□□，□□无住。朗然西方，□□东土。□□川□，出生死苦。我师悬解，尚资于学。□□□□，□□□□，□□□□，□□□□，□□□俱，湛然本□。怖鸽既栖，腾猿亦定。□其□目，□寺□身，□吞日月，□□□□。□□□塔，雨泣门人，空山之巅，松柏苍然。

唐尚书主客员外郎陆海撰

注：此碑现移水陆庵，碑阴刻有"宝应二年五月九日立碑"时间和蓝田、渭南、昭应（今临潼）三县令名字与朝廷官衔，以及寺院四址和祖师和上（神秀）亲事子弟（在京）名单，计有大隐、大悲、一行、神朏（此神朏疑为撰《传法宝记》之杜朏）等30人，还有安国寺等寺院住持、维那及僧人。

蓝田法池寺二法堂赞

法池西三皈院、二法堂，兹寺长老初上禅师所造也。禅师俗姓彭，名知，至性笃孝，执亲之丧，七日不食，微言密行。志道探元，究易、老、庄太一之旨。善正书，擅锺王品格。其点画婉秀，毫缕必见，如折槁荷，磨文石筋力洒飒，固非人力之所致也。中朝名士，山薮高尚，法流开胜，远近慕焉。及晚年，专意于禅诵，平生艺业，脱若遗尘矣。尝叹曰："帝王父母，许我出家，雨露生成，恩惟一揆，依如来教，创是功德万一乎？献福二宫，潜祐七祖，将与一切，咸登道场。"于是三皈堂以长安元年辛丑子月望日癸未立，善法堂以开元元年癸丑丑月望日戌辰建。禅师母弟仁琬，弟子沙门启疑，及沙弥令哲，左右斯业，实有力焉。而作赞曰：

三皈堂赞

敬告诸佛子，一心清净观。欲求正真道，当从信根入。是佛虚空相，是法微妙光。定慧不相离，是僧和合义。人空法亦空，二空亦复空。住心三空宝，是名三皈处。

善法堂赞

至哉初上人，建立善法堂。彩翠三世佛，庄严清净眼。能运无碍心，普入于一切。见若不染色，知若不取识。是名真实见，亦名解脱知。佛观离生灭，诸法等如是。

唐宰相张说撰

注：法池寺在蓝田县城南门内，为唐代禅宗名刹。

大照禅师塔铭

奂上人至，传诸大德意，令弟子撰和上碑。但重元门深（阙）四海大君者，我开元圣文神武皇帝之谓也；入佛之智，赫为万法宗主者，我禅门七叶大照和尚之谓也。是以从无因得，不出三界，于清泰运，教昭宣圆，常洽著菩萨之本心，密住依国王之信力，四生于涅槃者，不其广欤！和上讳普寂，俗冯氏，长乐信都人也。其先毕公高之后，毕万入晋，受邑于魏，支子食采冯城，因而得姓。洎亭为韩上党守，在赵为华陵君，异汉征西将军，思义晋骠骑将军，家于河南，今为河东人也。祖居士讳道相，经德营道，晦用藏密；考居士讳会均，艮背园庐，飞遁乡邑。

和上生而茂异，长而开明，神清体闲，气和志远：栝树虽小，其根已深；河源则微，其流可大。欣愿去结，永言依僧，尝以德业书绅，艺术从学，负笈梁、许，抠衣班、马，博总经籍，殚极天人。以为《洪范》九畴，《周易》十翼，虽粤旨元邈，然大略回疑，不若别求法缘，幽寻释教。时大梁璧上人以义解方闻，敷演云会，遂听《法华经》《唯识》《起信》等论。巨石投水，其入甚多；修坂走丸，所适弥远。重依东都端和上受具，转奉南泉景和上习律，超契心地，忽见光明，随止作行，得亲近处。于是贞观嵩阜，隐居半岩，布褐一衣，麻麦一食，中夕叹曰："文字是缚，有无是边，盍不以正戒为墙，智常为座，发广大愿，修具足慈？他方七宝之山，路远难到；自境四念之地，身乐且安。犹曰密印者谓之师，先觉者谓之达，吾当求矣，此其时哉。"将寻少林法如禅师，未臻止居，已承往化，追攀不及，感绝无时。芥子相投，遇之莫遂，甘露一注，受之何阶？翌日，远诣玉泉大通和上，膜拜披露，涕祈咨禀。良马易进，良田易平，加之思修，重之勤至。宝镜磨拂，万象□呈；玉水清澄，百丈皆见。衡山之石，更悟前身；新丰之家，自然本处。如此者五岁，约令看思益，次楞伽，因而告曰：“此两部经，禅学所宗要者，且道尚秘密，不应眩曜。”和上旁求僻陋，宛在园林，夹江之□，□竹之下，□它靥每作，虺蜮交驰。顷差他人，必辞痼疾，和上愿充僧使，便得经行。心无所存，背无所倚，都忘禅睡，了悟佛知。两马一车，进念同辙，一鸟二翼，定慧皆空。如此者复二年，大通和上深赏重之。人未之兰若，今将自之，大通止曰：“嵩山亦好。”至于再，诺而居焉。

长安年，度编岳寺神龙岁，请不哭泣而不言。缁素坠心，楝梁落构，以为四害腾口，谁者能缄？五欲乱绳，谁者能截？□合谋悉意，闻香求花，如鸟随风。

如轮随迹，咸请和上一开法缘，使四园可游，八池可浴，则僧非聚食，人异散心，愿闻乐器之音，用滋毛孔之润。和上曰：“夫净灯可以照胜宅，助风可以持宝城，今何为乎？且千车之声，不入于耳；万人之请，谁听其言？”神龙中，孝和皇帝诏曰：“大通禅师降迹阎浮，情存汲引，戒珠圆澈，流洞鉴于心台；定水方澄，结清虚于意府。原其行也，既无人而无我；测其理也，亦非断而非常。然而示彼同凡，奄随运往，形虽已谢，教□恒传。其弟子僧普寂，夙参梵侣，早□法筵，得彼髻珠，获兹心宝。但释迦流通之分，终寄于阿难；禅师开示之门，爰资于普寂。宜令统领徒众，宣扬教迹，俾夫聋俗，咸悟法音。”考功员外郎武平一奉宣圣旨，慰喻敦劝，和上犹逡巡辞避，不获已仍曰：“广大者莫极于虚空，我性相能遍；元妙者莫深于开示，我定慧能传。未或不从庆身，而建四生法主；未或不登正觉，而启一佛度门：曷敢当仁，以膺求我？且正见了见，转次既殊；浣家锻家，习性亦别：草席遇水而紧，草绳遇水而舒。地水火风，青赤白黑，八万烦恼，八万解脱。翳□慢之山，金椎难碎；贪恚之毒，龙珠不消：诸生当诵戒经，以传正受。”

开元十三年，恩诏屈于敬爱寺宴坐。逮十五年，皇上将幸于京师也，优诏曰：“慎言义福宜从驾，和上留都兴唐寺安置。”由是法云遍雨，在其根茎；妙音尽闻，惟所围绕。其始也，摄心一处，息虑万缘，或刹那便通，或岁月渐证。总明佛体，曾是闻传；直指法身，自然获念。滴水满器，芦□坚冰，故能开方便门，示直宝相，入深固藏，了清净因。耳目无根，声色亡境，三空圆启，二深洞明。

是故闻者斯来，得者斯止，自南自北，若天若人。或宿将重臣，或贤王爱主，或地连金屋或家蓄铜山：皆毂击肩摩，陆聚水咽，花亹拂日，玉帛盈庭。和上洗然若虚，旷然若□，不见施者，不知受焉。遂龙象之所崇，惟塔庙之所供，但□猿自息，醉象皆调。闻是名者，不生四趣；蒙其润者，便过四禅。则有学富蓬山，经通贝叶，百家奥旨，三藏真言，目如曜星，舌如飞电：莫不杜口折角，失客革心。二十七年秋七月，诲门人曰：“吾受托先师，传兹密印，远自达摩菩萨导于可，可进于璨，璨锺于信，信传于忍，忍授于大通，大通贻于吾，今七叶矣。尸波罗密是汝之师，奢摩他门是汝依处：当真说实行，自证潜通。不染为解脱之因，无取为涅槃之会，诸生殊不知其故，呜呼！”八月二十四日有弥留，怡然坐灭于都兴唐寺，享寿八十九。

僧夏五十二，闻哀行哭，临堂抚膺，云雾冒山，江河奔海，沸渭坌入。阴沈弥望者，至于百万。皆曰：天地德，不窬昼水，神明之□，未际人流。今之我闻，异于汝说，沐浴智慧之海，超腾生死之河。恩崇化先，痛深物表，情可理割，义可事诠者。尝以前圣后贤，示迹开教，降生所以传法，归尽所以同凡。久留则厌闻恐其慢易，终去则追远欲其怀思，忘其身而神迁益高，□其法而事稀弥重。始终权实之化，不断不绝；究竟诱进之益，无去无来。河南尹裴公名宽，飞表上闻，皇情震悼，诏曰：“大士遗荣，岂贵于名称？前王表德，必在于褒崇。都同德兴唐寺故大德僧普寂，资于粹灵，是为法器，心源久寂，戒行弥高，既来理而悟空，每导凡以宗圣。慈悲所应，汲引盖多，方冀永年，式宏像教。遽从迁化，用谢浮生，言念于此，良深悯惜。宜稽其净行，锡以嘉名，示夫将来，使高山仰止，可号大照禅师。归本居葬日，量借威仪手力。”

和上将变易之岁，累告门人曰：“吾久居山水，缘亦在焉。”及泥日，听邑兴唐缁侣，皆请卜而厝之，表而祈之。唯岳寺一方，地震雪下，少室群□，树折霜封，洎九月八日，恩私果令归葬。二十一日，金棺发轫，卤簿启行，或两都倾城，或四方布路，持花者林指，执绋者景移。三条之中，泣泪如雨；重城之外，号叩若雷。彩云二时，自都达岳，白露数里，弥川遍空。二十四日，穸于岳寺之旧居，礼也。门人等修罗死慈，岛人死义，血现于体，绳系于床，佥某拾衣，一心起塔。尘多折轴，箭重回舟，衔石而海水可填，结竹而佛恩难报。二十八载十一月十五日，恩旨许焉，仍委寺主慧远、上座崇泰、都维那昙庆等，载令构缉。

二十九年十一月十九日，恩旨迁藏海寺于和上河东旧宅，廓为寺焉，建塔追崇福也。且爰自六叶，式崇一门，未诵戒经，或传法要。大通以凡例起谤，将弃我闻，深解依宗，遽求圣道，所以始于累土，渐于层台，摄之孔多，学者弥广，故所付诸法，不指一人。卜夏西河，有疑夫子；郑元北海，自袭马融。至于密意除知，慧心入境。如因日照，方见日轮，终以佛光，□明佛道，岂伊邕也，而敢议之？大弟子惠空、胜缘等，相与追过去，示方来，一以抒宿心，存妙用；一以奉慈训，宏教门：腾净行于松阡，刻师资于石字。其词曰：

三界渺茫，四生沈□。尘境延□，荫欲攻内。明镜虚受，大慈圆对。法鼓震惊，魔军消溃。千佛转觉，七叶相承。护持俗谛，应现真僧。长河皎月，静室明灯。梵经滋广，禅林蔚兴。童稚初心，儒释兼致。梁陈咨禀，伊洛勤匮。虽臻阃域，犹执文字。古城元远，空门深邃。逝将分赴，曾是幽求。玉泉□口，甘露山头。慧日一照，浮云四收。给园都邑，鹫岭嵩邛。大通往生，后觉来问。妙法终启，若言未顺。愿发他心，稍宏本分。固让固请，不矜不训。德音光被，皇华存臻。曲荷天奖，昭宣法轮。总总缁素，憧憧□绅。以智慧水，洗烦恼尘。慈摄云奔，檀施山积。无相无愿，不受不斥。龙象兴补，塔庙光益。香花户庭，护念泉石。同人将灭，依宗阐教。草系尔师，宴居尔照。闻哀行哭，惟艾及少。命鸟无翼，慈舟失棹。渥恩痛悼，追谥哀荣。塔遂嵩岳，仪从洛城。灵舆顾步，天乐凄清。追攀雾委，感动雷惊。入室来思，登坛永慕。密教不纪，后生何趣。礼石塔兮若劄，仰金字兮如注。杖亿劫兮昭阳，与四法兮安住。

唐户部员外郎李邕撰

唐玉泉寺大通禅师碑铭

撰夫总四大者，成乎身矣；立万始者，主乎心矣。身是虚哉，即身见空，始同妙用；心非实也，观心若幻，□等真如。名数入焉妙本乖，言说出焉真宗隐。故如来有意传要道，力持至德，万劫而遥付法印，一念而顿受佛身。谁其宏之？实大通禅师其人也。

禅师尊称大通，讳神秀，本姓李，陈留尉氏人也。心洞九漏，悬解先觉，身长八尺，秀眉大耳，应王伯之象，合圣贤之度。少为诸生，游问江表，老、庄元旨，《书》《易》大义，三乘经论，四分律仪，说通训诂，音参吴晋，烂乎如袭孔翠，玲然如振金玉。既而独鉴潜发，多闻旁施，逮知天命之年，自拔人间之世。企闻蕲州有忍禅师，禅门之法胤也。自菩提达磨听菩东来，以法传惠可，惠可传僧璨，僧璨传道信，道信传宏忍，继明重迹，相承五光。乃不远遐阻，翻飞谒诣，虚受与沃心悬会，高悟与真乘同彻。尽捐妄识，湛见本心，住寂灭境，行无是处。有师而成，即燃灯佛所；无依而说，是空王法门。服勤六年，不舍昼夜，大师叹曰："东山之法，尽在秀矣。"命之洗足，引之并坐，于是涕辞而去，退藏于密。仪凤中，始隶玉泉，名在僧录，寺东七里，地坦山雄，目之曰："此正楞伽孤峰，度门兰若，荫松藉草，吾将老焉。"云从龙，风从虎，大道出，贤人睹。岐阳之地，就者成都；华阴之山，学来如市，未云多也。后进得以拂三有，超四禅，□堂七十，味道三千：不是过也。尔其开法大略，则慧念以息想，极力以摄心，其入也品均凡圣，其到也行无前后。趣定之前，万缘尽闭；发慧之后，一切皆如。持奉楞伽，近为心要，过此以往，未之或知。

久视年中，禅师春秋高矣，诏请而来，趺坐觐君，肩舆上殿，屈万乘而稽首，洒九重而宴居。传圣道者不北面，有盛德者无臣礼，遂推为两京法主，三帝国师，仰佛日之再中，庆优昙之一现。混处都邑，婉其秘旨，每帝王分座，后妃临席，□鹭四匝，龙象三绕。时炽炭待矿，故对默而心降；时诊饥投味，故告约而义领。一雨溥□于众缘，万籁各吹于本分，非夫安住无畏，应变无方者，孰能焉尔乎？圣敬日崇，朝恩代积，当阳和会之所，置寺曰度门；尉氏先人之宅，置寺曰报恩。轼闾名乡，表德非拟局厌喧辇，长怀虚壑，累乞还山，既听中驻。久矣衰惫，无他患苦，魄散神全，形遗力谢。神龙二年二月二十八日夜中，顾命趺坐，泊如化灭。禅师武德八年乙酉受具于天宫，至是年丙午复终于此寺，盖僧腊八十矣。生于隋末，百有余岁，未尝自言，故人莫审其数也。

三界火心，四部冰背，榱崩梁坏，雷动雨泣，凡诸宝身，生是金口，故其丧也，如执亲焉。诏使吊哀，侯王归□，三月二日，册谥大通，展饰终之义，礼也。

时厥五日，假安阙塞，缓及期，怀也。宸驾临诀至午桥，王公悲送至伊水，羽仪陈设至山龛。仲秋既望，还诏□下，帝诺先许，冥遂宿心。太常卿鼓吹导引，城门郎护监丧葬。是日，天子出龙门泫金衬，登高停跸，目尽回舆。自伊及江，扶道哀候，幡花百辇，香云千里。维十月哉生魄明，即旧居后冈定神起塔，国钱严饰，赐逾百万。巨钟是先帝所铸，群经是后皇所锡，金榜御题，华幡内造，塔寺尊重，远称标绝。初禅师形解东洛，相见南荆。白雾积晦于禅山，素莲寄生于坐树，则双林变色，泗水逆流。至人违代，同符异感，百日卒哭也。在龙华寺设大会，八千人度二七人，二祥练缟也。咸就西胆道场，数如前会。万回菩萨乞施后宫，宝衣盈箱，珍价敌国，亲举宠侑供巡香。其广福博因，存没如此，日月逾迈，荣落相推。于戏！法子永恋宗极，痛慈舟之遽失，恨涌塔之迟开，石城之叹也不孤，庐山之碑焉可作。

窃比夫子贡之论夫子也，生于天地，不知天地之高厚；饮于江海，不知江海之广深：强名无迹，以慰其心。铭曰：

额珠内隐，匪指莫效。心镜外尘，匪磨莫照。海藏安静，风识牵乐。不入度门，孰探元要？倬哉禅伯，独立天下。功收密诣，解却名假。诣无所得，解亦都舍。月影空如，现于悟者。无量善众，为父为师。露清热恼，光射昏疑。冀将住世，万寿无期。忝何过隙，一朝去之。嗟我门人，忧心断续。进忆瞻仰，退思付嘱。尽不离定，空非灭觉。念兹在兹，敢告无学。

唐宰相张说撰

六祖能禅师碑铭并序

无有可舍，是达有源；无空可住，是知空本；离寂非动，乘化用常。在百法而无得，周万物而不殆；鼓枻海师，不知菩提之行；散花天女，能变声闻之身。则知法本不生，因心起见，见无可取，法则常如。世之至人，有证于此，得无漏不尽漏，度有为非无为者，其惟我曹溪禅师乎！

禅师俗姓卢氏，某郡某县人也。名是虚假，不生族姓之家。法无中边，不居华夏之地。善习表于儿戏，利根发于童心。不私其身，臭味于耕桑之侣；苟适其道，膻行于蛮貊之乡。

年若干，事黄梅忍大师，愿竭其力，即安于井臼。素刳其心，获悟于稊稗。每大师登座，学众盈庭，中有三乘之根，共听一音之法。禅师默然受教，曾不起予，退省其私，迥超无我。其有犹怀渴鹿之想，尚求飞鸟之迹。香饭未消，弊衣仍覆，皆曰："升堂入室"。测海窥天，谓得黄帝之珠，堪受法王之印。大师心知独得，谦而不鸣，天何言哉。圣与仁岂敢，子曰："赐也，吾与汝弗如。"临终，遂密授以祖师袈裟，而谓之曰："物忌独贤，人恶出己；吾且死矣，汝其行乎！"

禅师遂怀宝迷邦，销声异域。众生为净土，杂居止于编人；世事是度门，混农商于劳侣。如此积十六载，南海有印宗法师，讲《涅盘经》。禅师听于座下，因问大义，质以真乘。既不能酬，翻从请益，乃叹曰："化身菩萨在此，色身肉眼凡夫，愿开慧眼。"遂领徒属，尽诣禅居，奉为挂衣，亲自削发。于是大兴法雨，普洒客尘，乃教人以忍曰："忍者无生，方得无我，始成于初发心。以为教首，至于定无所入，慧无所依。大身过于十方，本觉超于三世。根尘不灭，非色灭空，行愿无成，即凡成圣。举足下足，长在道场，是心是情，同归性海。商人告倦，自息化城；穷子无疑，直开宝藏。其有不植德本，难入顿门，妄系空花之狂，曾非慧日之咎。"常叹曰："七宝布施等恒河沙，亿劫修行尽大地墨，不如无为之运，无碍之慈，宏济四生，大庇三有。"既而道德遍覆，名声普闻。泉馆卉服之人，去圣历劫，涂身穿耳之国，航海穷年，皆愿拭目于龙象之姿，忘身于鲸鲵之口，骈立于户外，趺坐于床前。林是栴檀，更无杂树；花惟薝葡，不嗅余香。皆以实归，多离妄执。九重延想，万里驰诚。思布发以奉迎，愿叉手而作礼。则天太后、孝和皇帝，并敕书劝谕，征赴京城。禅师子牟之心，敢忘凤阙；远公之足，不过虎溪。固以此辞，竟不奉诏。遂送百衲袈裟，及钱帛等供养。天王厚礼，献玉衣于幻人；女后宿因，施金钱于化佛。尚德贵物，异代同符。

至某载月日，忽谓门人曰："吾将行矣！"俄而异香满室，白虹属地。饭食讫而敷坐，沐浴毕而更衣。弹指不留，水流灯焰；金身永谢，薪尽火灭。山崩川竭，鸟哭猿啼，诸人唱言："人无眼目，列郡恸哭，世且空虚。"某月日迁神于曹溪，安座于某所。择吉祥之地，不待青乌；变功德之林，皆成白鹤。

呜呼！大师，至性淳一，天姿贞素，百福成相，众妙会心。经行宴息，皆在正受；谭笑语言，曾无戏论。故能五天重迹，百越稽首。修蛇雄虺，毒螫之气销；跳殳弯弓，猜悍之风变。畋渔悉罢，蛊鸩知

非，多绝膻腥。效桑门之食，悉弃罟网，袭稻田之衣。永惟浮图之法，实助皇王之化。

弟子曰神会，遇师于晚景，闻道于中年。广量出于凡心，利智逾于宿学。虽末后供，乐最上乘。先师所明，有类献珠之顾；世人未识，犹多抱玉之悲。谓余知道，以颂见托。偈曰：

五蕴本空，六尘非有，众生倒计，不知正受，莲花承足，杨枝生肘，苟离身心，孰为休咎；至人达观，与佛齐功，无心舍有，何处依空，不着三界，徒劳八风，以兹利智，遂与宗通。愍彼偏方，不闻正法，俯同恶类，将兴善业。教忍断嗔，修悲舍猎，世界一华，祖宗六叶。大开宝藏，明示衣珠，本源常在，妄辙遂殊。过动不动，离俱不俱，吾道如是，道岂在吾！道遍四生，常依六趣，有漏圣智，无义章句。六十二种，一百八喻，悉无所得，应如是住！

唐尚书右丞王维撰

附记

寻迹化感寺

隋唐时期著名的终南山禅宗寺院化感寺，已在历史上湮灭千年，没有人知道它的位置。历代的蓝田县志既不能指示它所在的地方，也不知创始朝代和建成时间。《全唐诗》中的一些诗篇、《王维诗注》乃至某些大学教材，更把化感寺误作“感化寺”，令人啼笑皆非。其实王维的原作本为化感寺，与《旧唐书》和《宋高僧传》的记载是一致的，北宋的《文苑英华》、元稹的《山竹枝》诗均记作此。至于如何变为“感化寺”，怕是后来者因字生疑不经意的误改误传吧。

化感寺究竟位于何处？国内研究王维的学者大都认为在辋川王维别业附近。笔者为此曾苦苦寻觅。10 年前曾到省图书馆翻阅《文渊阁四库全书》和地方文献，那时没有电子版，3 天时间劳得人精神恍惚，行动迟缓，竟被急着下班的地方文献阅览室管理人员锁在里面。幸好古籍室的工作人员及时赶到，要不然真得请“110”来帮忙了。虽出了这个不大的笑话，但答案却找到了。

标明化感寺位置的史籍是唐道宣《续高僧传》。在卷十三《道岳传》中赫然写着：“武德初年，从业蓝谷化感寺。”这是能确定化感寺所在的唯一记载。蓝谷就是蓝水出山的河湾口至蓝桥的一段河谷，长约 7000 多米。两岸峰峦交错，峭崖对峙，有着“峡流奔马，壁悬石虎”的万千气象。正是这险要的地形造就了秦时开凿的蓝关古栈，成为直入荆楚的东南驰道，为后来的南北佛教交流提供了便捷的通道。六朝时期佛教史上著名的“蓝谷”已出现了，到隋唐之际更是规模空前。主要的寺院群落分为两大部分。一个是悟真寺，从山北河湾口延伸到橡湾以南。另一个便是化感寺，它的具体地点毫无疑义，自然是蓝谷南部古称“虎侯山”、俗言“芦山”北麓的寺坡了。

2003 年有位执着的友人来到这里，把商海博弈 20 年的全部心血倾注在这块乐土。他就是冯广民先生，一个敦厚而勤谨的创业者。是他开辟了今天的西安莲花山森林公园，从此揭开了化感寺神秘的面纱。

时光流转，日月不居，一晃 9 年就过去了。2012 年 6 月 12 日，笔者与两位朋友相邀一起踏上了寻迹化感寺的旅途。同行的老先生曹永斌是蓝田文化名人，开车的郑西儒先生是航天系统劳模，笔者虽说无名也算博通诸业的杂家。不过要说登山，还得算西儒内行。只见他和夫人带了个很大的背包，问他干啥他诡秘地笑了笑，说：“到用时你就知道了。”

车在水陆庵东的河湾口进入蓝谷，穿过悟真寺一、二号隧道，佛爷腰隧道，黑光岩隧道，再转过几道水湾，就见到横跨山道的天桥，这里便是莲花山森林公园的所在地了。董事长冯广民先生见是老友来访，忙下来迎接我们到他新修的大殿居处。不幸的是笔者的脚却在公路边扭伤了，他泡好菊花茶水，竟笑着说：“这分明是有缘嘛！”又返回卧室拿出两张膏药，给笔者敷了一张，连说：“没事，没事，一会儿就不碍事了。”

品着菊花茶水，听着冯广民先生酸甜苦辣的倾吐，我们几个人真是为之动情了。“一个人的价值不在于拥有多少财富，而在于能为人民做些什么”，笔者记下了这句话。这不正是一个钟情于佛教文化旅游开发者的内心独白吗？笔者揉了揉脚，心想今天无论如何也要上山观赏一番，总不能“深入宝山空手还”吧。

走出大殿，西儒先生拿出两个可伸缩的手杖，调整好长度递给笔者和曹老先生，笔者立时明白了他的好意。冯广民先生取了根竹杖，准备带领我们上山。他指着山上的通信电杆告诉我们，从山下至山上直线距离 1500 米。而笔者仍在纳闷，这至少也得四五里路呢！

跨过天桥就到了公路西侧，山口的南边有一释迦牟尼佛坐像，两旁侍立着迦叶和阿难。上山的台阶笔直而又严整，过了几道台阶，我们随着冯广民先生的引领转向右面的丛林。

小道在枯瘦的草木丛中盘绕，半个多月的少雨天气使得山里也出现了旱象。路边的山果倒红得可爱，忍不住摘一颗放到嘴里，味道真是甜美极了。

不觉之中进入了密林，少了阳光的炙热，顿觉清凉爽人。说来奇怪，越往上行，林木愈茂，枝叶更是鲜翠非常，沿途又多了艳丽的黄花。忽然脚下传来溪水的鸣响，冯广民先生用竹杖拨开树枝，轻声说：“瀑布到了，小心脚下。”透过树叶间隙，一股清流从上而下呈两级跌落，水量虽然不大，气势却倒不小。

这不是王维《过化感寺昙兴上人山院》所说的“虎谿头”吗？耳边尽管响着冯广民先生的话音：“现时天旱，到秋季这景色才壮观呢！”可笔者已陷入了王维诗境的画意之中。“暮持筇竹杖，相待虎谿头。催客闻山响，归房逐水流。野花丛发好，谷鸟一声幽。夜坐空林寂，松风直似秋。”谿者，亦涧也。上人在虎谿头上等待诗人与裴迪前来，沿着水流的来向回归住房。从生的野花惹人喜爱，谷鸟的鸣声如此清幽。

夜里打坐但觉空山林寂，松风拂过竟凉意如秋。这是一组多么令人惬意的动中有静的画面啊！

过了虎豁头就上到移动通信的中继处，冯广民先生说由此前行只有四五百米了。一行人歇了歇脚，跨过溪水钻入了北面的山林。微微的山风似乎在轻抚，路途的疲劳渐渐消于无形，脚步好像又轻快了一些。不多时就到了化感寺下，领路的广民先生说是前面有蛇，便上了右边的小路。

化感寺隐匿在虎侯与覆釜二山合抱的豁谷，方圆三里有余。发源西沟的虎溪把寺院群落分隔为南北两院，北院是化感寺主区，南院是上人院区。

我们先至的是北面的院落，这里背依一道青岭，为化感寺的主殿所在。遗址呈三进台阶，坐北面南。寺院的殿宇早已荡然无存，只有新修的两排共 18 间砖房瓦舍引人注目。砖墙棱角平整，在烈日下泛着亮光，真不敢相信这竟是冯广民先生的稀世杰作。山腹黏土厚达数米，是烧制砖瓦的上等原料。冯广民先生就地取材，将砖机拖上山，利用土窑烧出了表面光滑、没有裂纹的高质量青砖。说起来颇有点天赐慧泽、地滋厚福，要不然这建设又该多花多少钱呀！

寺院周围茅草丛生，看不出还有多少遗迹。听说北岭上面仍有石塔遗留，可惜道路未修，荆棘纵横，这不免让人有些遗憾。管理人员居住的门前有一石磨盘。磨盘上半部不知现在何处，下半部看来倒也精致。曹老先生从事过蓝田鼎湖延寿宫考古，虽担任过三届县政协副主席，依然对古物兴致不减。他仔细地端详了一番，说：“怕是有些年代了。”他的话引起了笔者对化感寺历史的沉思。

隋大业之末，曾以教授三韩学生闻名的灵润隐潜这里，在武德年初与志超、道岳、智信、智光等合称五大高僧，于此“义解钩玄，妙崇心学”，相师念定，弘传涅槃、俱舍论说，开创了化感寺从未有过的辉煌岁月。当时适逢天旱饥馁，化感寺却因物产丰富，故能独留宾客，“磨谷为饭，菽麦等均”，使得“四方慕义，归者云屯”，“共餐菜果，遂达有年”。有关化感寺的出产，王维在《游化感寺》一诗中亦这样描述：“绕篱生野蕨，空馆发山樱。香饭青菰米，嘉蔬绿笋茎。”足见化感寺真是一块不可多得的物华宝地。

唐神龙年中，深得禅宗北祖神秀密传的大智禅师义福和同门惠福住锡寺内，建置法堂，修营殿舍，共传宗业。惠福禅师及弟子深寂，又于寺之北山另建了兰若。王维曾游于此，留下《过福禅师兰若》一首名作。诗曰：“岩壑转微径，云林隐法堂。羽人飞奏乐，天女跪焚香。竹外峰偏曙，藤阴水更凉。欲知禅坐久，行路长春芳。”义福安居化感寺 20 年，唐开元十年（722）请充慈恩寺任，开元十三年（725）特令随驾东都，与其师神秀、师门普寂号称“两京法主，三帝门师”，化感寺更因此成为终南山佛教独大的禅宗寺院。

王维的母亲河北博陵县君崔氏，曾入嵩山岳寺师从大照禅师普寂30 多年，并常到化感寺烧香拜佛。一生崇佛的王维皈依在化感寺里，如其《游化感寺》所言：“抖擞辞贫里，归依宿化城”，“誓陪清梵末，端坐学无生”。由此看来他已把化感寺理所当然地认定为众生成佛历经的宝地了。需要指出的是，王维皈依化感寺时，义福禅师已移居慈恩寺了，寺内主事的应是他的同门惠福和弟子中人。从中宗、睿宗直到玄宗，两京禅宗皆是北宗神秀天下，故王维所依为禅门北宗。按南禅神会所判“南顿北渐”，当属渐悟。

化感寺的文化积淀十分深厚，除了上述的三首诗，王维尚有《山中与裴秀才迪书》散文一篇，文中提及的“感配寺”亦是化感寺的误传，与王维同游的诗人裴迪也有咏化感寺诗。天宝十年进士、后任蓝田县尉的著名诗人钱起有《东城初陷，与薛员外、王补阙暝投南山佛寺》一诗，诗中所说的石门指蓝谷，南山佛寺即化感寺。中唐后期，崇信佛道的大诗人白居易来到寺中，看见好友元稹与已故刘敦质的题名，颇有感触，写下《化感寺见元九、刘三十二题名处》（注：“感化寺”又作“化感寺”“感配寺”），诗言“今日见名如见面，尘埃壁上破窗前”，思念之情跃然纸上，读来真是友爱至深。笔者细检元诗，未有题在化感寺墙壁上的诗词内容，只见元稹一首《山竹枝》（自化感寺携来，至清源，投之辋川耳。）写道：“深院虎溪竹，远公身自栽。多惭折君节，扶我出山来。”显然，这首诗不是在化感寺墙上所留，虽有化感寺的虎溪竹，却是到辋川王维施庄为寺的清源寺后才写下的。即便如此，诗人对化感寺的仰慕仍真诚可见，荡然于字里行间。

虎溪南面的院落在一块背靠西来孤峰的高台上面，这里曾是秦汉史上闻名的虎侯山祠的神堂。不过时过境迁，到唐开元至天宝年间则是义福禅师与昙兴及准上人所居的山院了。这块台地略低于北面的化感寺主殿遗址，上面建有 5 间土墙瓦舍。从整体建设的布局看，化感寺的文化旅游开发仍在起步阶段，主要殿宇的位置还保留着。

日色渐渐过午，清爽的凉意已沁透人的心脾，我们休息了一会儿，沿着寺院西侧的路开始下山了。这条路上荒草长得几乎与人等高，闻听有蛇出没，不由得用手杖拨打荆丛。幸好一路没有与蛇遭遇，到了修好的台阶路边，才把提着的心放了下来。可是西儒先生却悄悄地告诉笔者，就在我们休息的时候，有条大蛇潜伏在离我们不远的地方，发出“嗞嗞”的声响。

回到莲花山森林公园驻地，主人已为我们在大殿前摆好了山里特有的佳肴。蕨菜摊成的煎饼就上清素的凉菜与小炒，真让人体味了一番佛教居士的生活。吃罢饭太阳已西沉没入了山梁，习习的山风在蓝谷吹拂，洗涤着敞开的心扉。荡去胸中的浮尘，抛却世间的烦恼，忽觉清凉遍体若有所归。

后　记

一个在历史上湮没千年的古寺重新受到人们的关注，只是因为这里出现了一家令人心驰神往的公园，它就是西安莲花山森林公园。

公园的创立者是冯广民先生，从木材加工起家，先后涉足石材、装修、房产等诸多行业，最终把商海博弈 20 年的全部心血倾注在这片旅游热土。好在十多年的努力没有白费，公园如今已初成规模，并由县级一跃而为省级。

笔者与冯广民先生相识 20 余年，但决定写一本《化感寺》书，却是缘于 2012 年仲夏的一次造访。时当收麦季节，艳阳高照，万里无云，笔者与曹永斌、郑西儒先生相约，结伴前往公园游观。在这里我们恰与冯广民先生会面，有幸了解到公园创办的艰难过程，并由他引领体味了王维、钱起笔下的山林禅趣，查看了化感寺留下的历史陈迹。

关于这座寺院的来龙去脉，笔者在写《悟真寺》一书中曾有所涉猎。它的历史地位大体与悟真寺相当，二者原本是蓝谷佛教史上两颗璀璨的明珠。笔者欣赏冯广民先生的无悔选择，感叹他对事业的执着如一。他的热忱令笔者油然而生一种理应担当的责任，为了地方佛教文化旅游事业的发展，便答应他来钩沉这段湮没的历史。

受冯广民先生之托，笔者全面梳理了有关化感寺与禅宗的历史资料，汇集了唐诗关于化感寺的各种记载，并考证了寺院南山虎侯与北山覆釜的来历。同时，会同曹永斌先生等诸位好友，进行了多次实地考察。

写作花费了一年时间，至 2013 年 9 月终于完稿。其间，西安晚报一位编辑索稿，书中第一章曾以《化感寺之谜》为题，发表在 2012 年 12 月 2 日《西安晚报》文化纵横版面。文章一经发表，即被多家报纸与网站转载，一时成为新闻热点。

由于莲花山森林公园升级，书稿不觉搁置了两年，到 2015 年 12 月才送至陕西旅游出版社审查。

本书能够与读者见面，全仗冯广民先生的鼎力相助。张养平先生专门制作了封面画图；赵炳坤先生帮忙绘制了书中插图；樊宏伟先生、冯广婷先生等拍摄了部分照片；出版社南先锋先生，责编邓云贤女士、韩舒女士于文稿成书中付出了辛勤的劳作，在此一并致谢。